Dresden

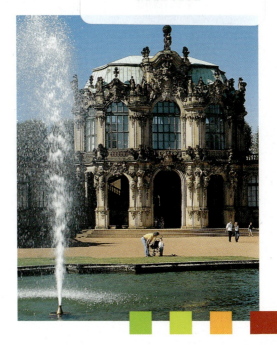

Frank Schüttig

Allgemeines

6 Wege durch Dresden

Weg 1

Die alte Pracht

Das klassische Dresden am linken Elbufer. Seine weltberühmten Bauwerke wie der Zwinger, die Semperoper und das Residenzschloss stehen hier ganz nah beieinander.

Weg 2

Barockidylle jenseits der Elbe

Bürgerliche Barockhäuser prägen das Gesicht der Inneren Neustadt. Der Rundweg führt vom Goldenen Reiter über den Albertplatz zum Japanischen Palais.

Bildnachweis

Klassische Musik

Aus dem Veranstaltungskalender

Höhepunkte des Musikjahres: **Festival Sandstein & Musik** in der Sächsischen Schweiz (S-Bahnbereich). Die ungewöhnlichen Auftrittsorte – vom Reinhardtsdorfer Steinbruch bis zu Pirnas Kleiner Mühle – versprechen ganz besondere Musikerlebnisse.

Moritzburg Festival (Anfang Aug.). Nach zehntägigem Workshop präsentieren sich junge, international bekannte Solisten aus zahlreichen Ländern in öffentlichen Proben und Konzerten.

Kenner kommen eigens nach Dresden, um in der Katholischen Hofkirche die **Silbermann-Orgel** (Mai–Okt./Sa. Nachmittag) oder die Kapellknaben und den Kathedralchor (Fei.) zu hören. Infos unter www.kapellknaben.de

Zwingerkonzerte. Von Mitte Mai bis Anfang September kann man im Zwinger fast täglich stimmungsvolle Freiluftkonzerte erleben. Infos: Tel. 0351/8954-0, www.desden-theater.de.

Kartenbestellungen für sämtliche Veranstaltungen und Pauschalangebote bei
❚ **Dresden-Werbung und Tourismus GmbH,** Schinkelwache, Theaterplatz/Prager Str. 2 a, Postanschrift: Ostra-Allee 11, 01067 Dresden. Tel. 03 51/4 91 9 22 33, E-Mail: info@dresden-tourist.de.
❚ Infos zu »Festival Sandstein & Musik«: **Tourismusverband Sächsische Schweiz,** Am Bahnhof 6, 01814 Bad Schandau, Tel. 03 50 22/49 50, Fax 4 95 33, www.saechsische-schweiz.de.
Moritzburg Festival, Tel. 03 52 07/85 40, www.moritzburgfestival.de

Noch mehr Highlights

Die Musikstadt entfaltet sich eindrucksvoll bei den **Dresdner Musikfestspielen.** die alljährlich einen anderen Themenschwerpunkt haben. 2004 finden sie vom 20. Mai bis 6. Juni statt. »Märchen, Mythen, Sagenhaftes« ist das Motto der fast 100 Veranstaltungen.

Konzerte in der Frauenkirche: In der Frauenkirche, die nach dem Wiederaufbau verstärkt für Konzerte genutzt werden soll, wird schon seit 1996 wieder regelmäßig musiziert – in der Unterkirche. Höhepunkte sind die Auftritte des Dresdner Trompetenvirtuosen Ludwig Güttler mit dem von ihm geleiteten **Blechbläserensemble.** Prof. Güttler hat sich sehr für den Wiederaufbau des Wahrzeichens seiner Heimatstadt engagiert.

❚ **www.musikfestspiel. com** Tel. 03 51/47 85 60
❚ **www.frauenkirche.o** Tel. 6 56 06 80 (Konzerte)

Weltberühmte
Dresdner Klänge

Dresden lockt das ganze Jahr hindurch mit hochkarätigen Konzert- und Opernerlebnissen: Kreuzchor, Sächsische Staatsoper (Semperoper), Dresdner Philharmonie stehen für eine große Tradition. »Der Freischütz« und »Der Fliegende Holländer« wurden hier uraufgeführt. In der ersten Hälfte des 20. Jhs. verhalf Richard Strauss der Semperoper zu Weltruhm.

Klangkörper der Spitzenklasse

Der **Kreuzchor**, ein Knabenchor, der im 13. Jh. für den liturgischen Gesang in der Kreuzkirche gebildet wurde, ist international ein Dresdner Markenzeichen. Jeder kann den Chor bei den Kreuzchorvespern erleben: Sa 18 Uhr (Winter 17 Uhr) außer in den Ferien und während der Tourneen – ein musikalischer Hochgenuss. Einfach hingehen, es kostet nicht einmal Eintritt.

Über 300 Jahre Operngeschichte repräsentiert die **Semperoper** (Sächsische Staatsoper). Richard Wagner und Richard Strauss stehen im Mittelpunkt des Spielplans. 2004 wird erstmals seit über 60 Jahren »Der Ring der Nibelungen« wieder aufgeführt. Das Hausorchester, die Sächsische Staatskapelle unter Chefdirigent Bernard Haitink, ist ein internationales Spitzenorchester.

Die **Dresdner Philharmonie** wurde 1870 als Gewerbehausorchester gegründet. Sie pflegt das Erbe großer symphonischer Komponisten – von Brahms über Dvorak bis Tschaikowski – zu hören ist der Klangkörper fast an jedem Wochenende im **Kulturpalast**. an der Wilsdruffer Straße, Ecke Schlossstraße. Gemeinsame Aufführungen mit den ihr angeschlossenen drei Chören zählen zu den Höhepunkten jeder Spielzeit.

▌**Kreuzkirche,** am Altmarkt, www.dresdner-kreuzkirche.de
▌**Sächsische Staatsoper,** Tel. 0351/4 91 17 40, Fax: 4 91 17 00, www.semperoper.de; ausführliche Spielplan-Infos
▌**www.dresdnerphilharmonie.de** Tel. 03 51/4 86 63 06

Schlachthöfe als
Kulturzentrum

Inmitten einer Industriebrache erblühte in der Neustadt ein neues Veranstaltungsforum, wurde ein Schlachthof in ein multifunktionales Kulturzentrum umgewandelt. Bis zu 2500 Gäste kommen seit 1999 zu den Konzerten und Veranstaltungen und erleben die Größen der Pop- und Rockkultur. Die Palette reicht dabei von Nina Hagen über Xavier Naidoo, von Sasha über Leningrad Cowboys, Status Quo und Die Prinzen bis hin zu Manfred Krug oder der Dresdner Philharmonie.

Laserlicht über Sandsteingemäuer ...

Es waren nicht nur die Künstler und ihre Musik, die die Massen in die alte Industriebrache lockten, sondern auch der denkmalgeschützte Schlachthof selbst, der reizvolle, spannungsreiche Kontrast zwischen überkommener Industriearchitektur und moderner Veranstaltungstechnik. Wenn das Laserlicht über das Sandsteingemäuer blitzte, wenn sich der Trockeneisnebel im eisernen Deckträgerwerk verfing, eröffnete sich für viele eine bis dahin kaum erahnte Erlebniswelt.

Hinzu kam die selbst für Elbflorenz einmalige Akustik. Von der bekamen schließlich auch die klassischen Orchestermusiker zu hören, testeten sie und gerieten ins Schwärmen.

So sind die beiden stilsicher restaurierten Hallen auch Veranstaltungsorte einer Konzertreihe der Dresdner Philharmonie. Auch die Elblandphilharmonie hat dort einige Auftritte geplant.

Die Pop- und Rockmusiker werden sie indes künftig kaum verdrängen. Die internationale Prominenz gibt sich im Alten Schlachthof weiter die Klinke in die Hand, Anfang 2004 Buddy Original Musical Gala, Miss Fitz & Band, BAP-SONX-Tour am 26.3. und die Philharmoniker Anders am 14. Mai.

Wer mehr erfahren will, sollte ins Programm b(k)licken!

▌ **Alter Schlachthof,** Gothaer Str. 11, 01097 Dresden, Karten an der Konzertkasse Florentinum und der Konzertkasse in der Schillergalerie, Tel. 03 51/86 66 00, Fax: 03 51/8 66 60 19, Infos: www.alter-schlachthof.de, www.konzertkasse-dresden.de.

Der »Alte Schlachthof« ist über die Leipziger Straße (Straßenbahn 4, 9, 13) und die Großenhainer Straße (Linie 3) erreichbar. Zu Fuß geht man vom Neustädter Bahnhof rund 15 Minuten. Die einstige Fabrikauffahrt wurde kürzlich zur Gothaer Straße ernannt. Deshalb ist sie noch in kaum einer Karte zu finden.

Größte Dresdner Halle

Als der für 300 000 Einwohner ausgelegte Schlachthof in der Neustadt zu klein geworden war, ließ Stadtbaurat Hans Erlwein ab 1906 den damals größten deutschen Schlacht- und Viehhof im Ostragehege errichten, auch er heute ein unter denkmalpflegerischen Gesichtspunkten saniertes und nun intensiv genutztes historisches Dresdner Gebäudeensemble. Im landschaftlich reizvollen Elbbogen eröffnete im März 2001 die Neue Messe Dresden. Sie wurde mit denkmalpflegerischer Akribie in siebenmonatiger Bauzeit aus einer

Strasse E heißt der neue Szenetreff auf dem Industriegelände in der Werner-Hartmann-Straße. Hier gedeiht die Dresdner Partykultur, finden an verschiedenen Locations Techno-Feten, Konzerte und Parties verschiedener Veranstalter und Stilrichtungen statt.

▌ **Straße E,**
Werner-Hartmann-Str. 2, 01099 Dresden, www.strasse-e.de

Industriebrache des ehemaligen Schlachthofs errichtet. In der Messehalle 1, der größten Dresdner Veranstaltungshalle, werden nun Konzerte, Fernsehshows, aber auch Boxkämpfe, Reitturniere und Großkongresse ausgerichtet.

Aus dem Veranstaltungskalender für 2004:

Dresdner Reisemarkt (30.1./1.2.), Jagen, Fischen, Reiten (5.–7.3.), Dresdner Ostern (25.–28.3.) mit internationaler Orchideen-Welt, Leap-Umweltmesse (21.–23.5.), Floristica (10./11.7.), Antik, Gourmet und Kunstmarkt (19.–21.11.)

▌ **Messe Dresden,**
Messering 6, 01067 Dresden, Tel. 4 45 81 05, Fax 4 45 81 55, www.messe-dresden.de

Alte Bauten
neue Szene

Ein altes Weinbauerndorf präsentiert sich einladender denn je: **Alt-kötzschenbroda,** 1271 erstmals urkundlich erwähnt, 1924 nach Radebeul eingemeindet. Sein lang gestreckter, baumbestandener Anger wurde unter denkmalpflegerischen Gesichtspunkten für viele Millionen Euro völlig neu gestaltet. Rundum beleben Gaststätten, Geschäfte, Galerien, Werkstätten und Pensionen die prächtigen Bauernhöfe.

Künstlerwerkstätten und Kreativangebote

Eine der einstigen Dorfschmieden firmiert jetzt als **»Kulturschmiede«.** Das Radebeuler Kultur- und Bildungsamt ist dort ansässig und mit ihm neben Gaststätte und Weinkeller die Stadtgalerie, in der ganzjährig Programm geboten ist – von Ausstellungen vielerlei Genres über Kunstgespräche, Designer-Präsentationen und Lesungen bis zum Puppentheater.

Nur wenige Schritte entfernt kann man Künstlern bei der Arbeit zusehen und deren Werke kaufen – im **Atelier Oberlicht,** wo sich sechs Maler und Grafiker zu einer Produzentengalerie zusammenfanden. Freitag 20 Uhr ist Gesprächsabend mit Musikumrahmung.

Das **Zentrum der Familieninitiative** bietet Kreativangebote für Kinder, Jugendliche und Erwachsene, sei es Schnitzen, Collagieren, Zeichnen, Töpfern oder Musizieren.

In der **Pension Porzellanmalerei Ott** kann man Unterkunft samt Malkurs buchen (Di–Fr 9–13 Uhr und nach Anmeldung).

▪ **Kulturschmiede,** Tel. 8 31 16 20, Di–Do, Sa–So 14–18 Uhr
▪ **Atelier Oberlicht,** Tel. 8 38 61 77
▪ **Galerie Ulysses,** Tel. 8 30 92 14, Di–Fr 10–18 Uhr; Accessoires und Bilder
▪ **Zentrum der Familieninitiative,** Tel. 8 39 73 21, Mo–Do 9–18, Fr 9–14 Uhr
▪ **Pension Porzellanmalerei Ott,** Tel. 8 38 68 65.

Altkötzschenbroda

Gaststätten mit Programm

In vielen der rund ein Dutzend Cafés, Kneipen und Restaurants sind wechselnde Ausstellungen geboten. Im **Noteingang,** dem Szenetreff im historischen Tonnengewölbe, präsentiert sich allmonatlich eine Band oder ein bekannter Solist. Das älteste Haus am Platz, **Gasthaus Oberschenke,** lockt mit Jazzmusik im Kellergewölbe.

Fast jede Gaststätte hat sich einem speziellen Programm bzw. Thema verschrieben – die **Schwarze Seele** z. B. ausgewählten Zigarrenmarken, die **Zwiebel** Zwiebelgerichten. Diese beiden Lokale bieten auch regelmäßig Livemusik.

❚ **Noteingang,** Tel. 8 38 77 78, Mo, Do, Fr, So 19–1, Sa 21–2 Uhr.
❚ **Gasthaus Oberschenke,** Tel. 8 38 88 13, Mo–Fr ab 17, Sa/So ab 12 Uhr.
❚ **Schwarze Seele,** Tel. 8 38 95 01, Mo–Fr ab 18, Sa ab 15 Uhr.
❚ **Zwiebel** (auch Pension), Tel. 8 36 03 31, So–Fr 9–24, Sa 11–1 Uhr.

Wein verkosten und/oder einkaufen

Weinkenner sind im einstigen Weinbauerndorf wohl am besten in der mit dem sächsischen Weingütesiegel dekorierten **Weinstube Zur grünen Linde** aufgehoben. 100 Weine von 22 regionalen Weingütern können sie dort verkosten.

❚ **Weinstube Zur grünen Linde,** Tel. 8 36 40 10, So–Fr ab 13, Sa ab 10 Uhr.
❚ **Ladengalerie Ulysses,** Tel. 8 30 92 14, Di–Fr 10–18, Sa 10–14 Uhr.
❚ **Hotel Goldener Anker,** Tel. 8 39 90 10.

In der bunten Elbangergemeinde sprudeln auch viele Einkaufsquellen – von der Ladengalerie Ulysses im Kempes Hof, in der junge Schmuck-, Mode- und Keramikdesigner ihre Arbeiten anbieten, bis zu den Arkaden des Hotels **Goldener Anker,** wo man kunstgewerbliche Artikel, antike Möbel und feine Wäsche kaufen kann.

Aus dem Festkalender

Die kulturellen Höhepunkte in Altkötzschenbroda sind das alljährliche **Herbst- und Weinfest** im September sowie der **Weihnachtsmarkt** in der zweiten Dezemberwoche (11.–15.12.). Außerhalb lohnt das **Weinfest Hoflößnitz,** das immer Ende August gefeiert wird, den Besuch.

❚ **Informationen:** Tourist-Information Radebeul, Pestalozzistr. 6a, 01445 Radebeul, Tel. 8 31 19 05, Fax: 8 31 19 02, E-Mail: Tourismus@radebeul.de www.radebeul.de.
❚ **Verkehrsverbindung:** S-Bahn: Bhf. Radebeul West, Straßenbahn: Linie 4 Haltestelle Moritzburger Str., Pkw: Autobahn-Ausfahrt Radebeul/Coswig oder Moritzburg »Wilder Mann«, per Raddampfer: Richtung Meißen, Anlegestelle Kötzschenbroda, per Fahrrad von Dresden oder Meißen auf dem Elberadweg.

Die Kulturmetropole im Elbtal

Attraktive Lage

Dresden ist die östlichste deutsche Großstadt. Die sächsische Metropole liegt geschützt in einem Talkessel an der Elbe, die hier einst besonders leicht zu überqueren war: An einer wichtigen Handelsfurt siedelten sich zunächst slawische Fischer und Schiffer an.

Der Fluss, der sich von Südosten nach Nordwesten auf rund 30 km Länge in vier weiten Bögen durch das Dresdner Tal windet, wurde hier nie kanalisiert und ist an manchen Stellen bis zu 120 m breit. Seine weitläufigen Uferwiesen sind heute ein Dorado für Spaziergänger und Radler.

Am linken Ufer liegt die Altstadt mit ihrer charakteristischen Silhouette; rechts – hinter den Häusern der Neustadt – hat die Natur das Wort. Die sonnenverwöhnten Hänge zwischen Radebeul und Meißen wie auch von Loschwitz bis Pillnitz bringen seit Jahrhunderten gute Weine hervor.

Dresdens Umgebung

Durch ihre reizvolle Umgebung besitzt die Stadt einen hohen Freizeitwert und bietet sich als Ausgangspunkt für Tagesausflüge an: Ein Stück elbeaufwärts streben die bizarren Felsen des Elbsandsteingebirges empor, auch Sächsische Schweiz genannt, das zum Klettern und Wandern einlädt. Etwas höher erheben sich die Kuppen des Erzgebirges, nur eine gute halbe Autostunde südlich der Elbmetropole.

Im Südwesten lockt der Tharandter Wald Wanderer wie Pilzsucher, und die waldreiche Teichlandschaft von Moritzburg, kurz hinter der nördlichen Stadtgrenze, war einst das Jagdrevier Augusts des Starken. Heute kann man sein Schloss besichtigen und im ausgedehnten Park herumspazieren.

In Richtung Radeberg erstreckt sich Dresdens größtes Naherholungsgebiet, die Dresdner Heide, ein ausgedehnter Mischwald. Weiter nordöstlich folgen die Ausläufer des Lausitzer Berg- und Hügellandes, des östlichsten Zipfels von Sachsen.

Schmerzhafter Aderlass

Mit rund 480 000 Einwohnern bildet Dresden den Mittelpunkt des Ballungsraumes Oberes Elbtal. Die Bevölkerungsdichte der Stadt beträgt durchschnittlich 1434 Einwohner pro km²; das ist im Vergleich zu anderen Großstädten wenig.

Am engsten sitzt man im Arbeiterviertel Cotta aufeinander; auch der Bezirk Blasewitz, Ortsteil Striesen, mit den »Dresdner Kaffeemühlen«, wie die typischen Mehrfamilienvillen genannt werden, ist dicht besiedelt.

Loschwitz, der flächenmäßig mit Abstand größte Bezirk an den grünen Hängen der Elbe, hat – wie es sich für ein Villenviertel gehört – in Relation zu seiner Größe die wenigsten Einwohner. Wie generell in den neuen Bundesländern ist auch in Dresden der Anteil der Ausländer an der Bevölkerung mit 3,5 % relativ gering.

Von 1987 bis 2001 ist die Einwohnerzahl der Elbestadt ständig zurückgegangen. Viele junge Leute sind auf der Suche nach Arbeit in den Westen gezogen. Die Folge war die Überalterung der Bevölkerung, so dass ein Anstieg der Einwohnerzahl auf natürliche Weise kaum zu erwarten ist.

Der Rückgang wird hier jedoch im Gegensatz zu anderen ostdeutschen Städten und Regionen durch Neubürger aufgefangen: Studenten sowie viele Beamte, Journalisten, Geschäftsleute, Juristen und Hoteliers aus den westlichen Bundesländern. Nach ein paar Jahren, die sie hier verbracht haben, sind viele von ihnen an der Elbe sesshaft geworden. Manchem Zugereisten entschlüpft schon mal ein herzhaftes »Nu gloar!« (Na klar!) als erster Versuch, sich an den sächsischen Dialekt heranzutasten.

Sächsischer Singsang

Das Sächsische löst in anderen Teilen Deutschlands nicht immer Begeisterung aus, doch ähnlich wie die sächsische Küche ist auch das Sächsisch spürbar im Aufwind, wofür sich in Buchhandlungen und Musikläden viele Belege finden. Wenn Autorinnen wie Lene Voigt (»Säk'sche Glassigger«, Rowohlt Verlag) oder Liedermacher wie Jürgen Hart, Olaf Schubert und auch Gunther Schmäche selbstbewusst vor die Öffentlichkeit treten, ist das Publikum vom lieblichen Singsang der Sprache verzaubert.

Tipp Eine amüsante Einführung in den Dialekt geben der Polyglott-Sprachführer Sächsisch und der Mini-Dolmetscher dieses Buches.

Die Kunst zu leben

Heitere Lebenslust und Geselligkeit prägen das Leben der Dresdner. Durch Novitäten und Schrillheiten lässt man sich nicht aus der Ruhe bringen; man betrachtet sie neugierig, doch mit zurückhaltender Skepsis. Politisch kommt diese Haltung bis jetzt eher den Konservativen zugute, die hier trotz des linksliberalen Oberbürgermeisters Ingolf Roßberg fest im Sattel

sitzen. Kritiker sprechen von provinzieller Betulichkeit, doch für die Dresdner überwiegen die positiven Aspekte der Bewahrung tradierter Werte.

Der alte sächsische Spruch »in Chemnitz wird gearbeitet, in Leipzig wird gehandelt, in Dresden wird geprasst« soll zumindest aus Sicht der Dresdner bald wieder Realität werden: Sie wünschen sich von Herzen, dass ihre Stadt möglichst viel von der alten barocken Glorie zurückbekommt und treiben eifrig die Denkmalpflege voran – auch dies eine wichtige Form von Stadtentwicklung, die viele Gäste und damit Geld anlockt.

Besonders der international beachtete Kraftakt der Dresdner rund um die Frauenkirche erscheint bemerkenswert angesichts der geringen Bedeutung, die die christlichen Kirchen im gesellschaftlichen Leben heute haben. Die Zahl der Kirchenaustritte

Musik, passend zur barocken Architektur des Zwingers

Tradition verpflichtet: Laufend wird der Figurenschmuck des Zwingers gepflegt

Wirtschaft

Traditionsreiche Standorte

Dank des Bergbaus im Erzgebirge, der von den Wettinern mit der Gründung der Bergakademie Freiberg (1765) gefördert wurde, war Sachsen im 19. Jh. die am weitesten entwickelte Industrieregion Deutschlands.

In Dresden, wo 1828 eine Technische Bildungsanstalt – die heutige Technische Universität – ihre Tore öff-

war in der DDR naturgemäß hoch. So bekennen sich nur noch rund 18 % der Bürger zur evangelisch-lutherischen und knapp 5 % zur römisch-katholischen Kirche.

Steckbrief

Lage: Die Landeshauptstadt des Freistaates Sachsen liegt bei 51°03' nördlicher Breite etwa auf gleicher Höhe wie Köln und auf 13°44' östlicher Länge. Der Elbpegel als tiefster Punkt steht bei durchschnittlich 102,73 m, der höchste Punkt ist der Triebenberg im Schönfelder Land (383 m ü.d.M.).

Fläche: Die Stadt breitet sich auf einer Gesamtfläche von 328,55 km² aus. Davon sind 37 % bebaut, 56 % entfallen auf Grün- und Erholungsflächen. Die Stadtgrenze ist 134 km lang. Länge der Elbe innerhalb der Stadt: 30 km.

Einwohner: Rund 480 000 Menschen leben in Dresden (Stand:

2003; zum Vergleich: 1939 waren es 630 000). Von 1945 bis 2003 ist die Einwohnerzahl um rund 10 % zurückgegangen.

Verwaltung: Dresden gliedert sich in zehn Ortsämter (Bezirke). Der Stadtrat hat 70 Sitze. Die stärkste Fraktion stellt seit der Kommunalwahl am 10.6.2001 die CDU, gefolgt von der PDS, der SPD, Bündnis 90/Die Grünen und der FDP/DSU-Fraktion. Oberbürgermeister ist seit 2002 Ingolf Roßberg (FDP).

Partnerstädte: Dresden unterhält Beziehungen zu zwölf Partnerstädten, darunter Coventry, Wrocław/Breslau, St. Petersburg, Florenz, Straßburg und Rotterdam.

nete, baute der Ingenieur Andreas Schubert mit der »Saxonia« die erste deutsche Dampflokomotive. 1839 fuhr zwischen Dresden und Leipzig auch die erste Fernbahn in Deutschland. 1895 wurde der König-Albert-Hafen angelegt, der den Binnenhandel ankurbelte.

Nicht nur Beamten- und Garnisonsstadt

Die Wirtschaftsstruktur Dresdens war traditionell von den Bedürfnissen der Residenz mit Tausenden von Beamten und der großen Garnison bestimmt. Produziert wurden vor allem Konsumgüter wie Zigaretten, Nähmaschinen, Zahnpasta und Mundwasser (Odol), Schokolade, Fahrräder, Glas und Keramik, Medikamente, Fotoapparate und die berühmte »Erika«-Schreibmaschinen. Zu Unrecht hatte Dresden den Ruf einer Beamten- und Pensionärsstadt.

Nach 1945 wurden die meisten Betriebe verstaatlicht und den Bedingungen der sozialistischen Planwirtschaft unterworfen. Darüber hinaus baute man Dresden zu einem Wissenschafts- und Hightechzentrum aus. Forschungsschwerpunkte bildeten die Feinmechanik, Optik und Elektronik.

Neue Wege

Nach 1989 gingen der Stadt etwa 75 000 Industriearbeitsplätze verloren. Selbst das Kombinat Robotron, das 1988 den ersten Megabit-Computerchip des Ostblocks entwickelt hatte, musste die Segel streichen.

Mit den neuen Hightech-Fabriken von Infineon in Dresden-Klotzsche und AMD in Dresden-Wilschdorf entstanden ab 1995 über 4000 neue Arbeitsplätze. Trotz der Krise in der New Economy errichtet Infineon noch einen Erweiterungsbau. Ein anderes Halbleiterwerk hat 2002 eröffnet.

Ein gläsernes Dach überspannt den Hof des World Trade Center

Auch zahlreiche mittelständische Zulieferbetriebe haben sich in Saxacon Valley, wie sich Dresden gerne nennt, angesiedelt, und die Gläserne Manufaktur von VW bietet seit 2001 mehrere Hundert qualifizierte Arbeitsplätze.

Nicht nur für die Mikroelektronik ist Dresden ein attraktiver Standort: Im Stadtteil Hellerau hat das Verlagshaus Gruner & Jahr eine der modernsten Druckereien Europas errichtet. Der amerikanische Unternehmer Sir John H. Noble produziert im reprivatisierten väterlichen Betrieb, der nach der Enteignung 1948 »Pentacon« hieß und jetzt als Kamera Werk Dresden firmiert, Panoramakameras. Philip Morris stellt in modernisierten Produktionsstätten Zigaretten her. Das eigentliche Big Business wird noch erwartet: Im World Trade Center (16 Etagen, 72 000 m² Bürofläche, 60 m hoher Glasturm) haben viele Gewerbetreibende mit expansiven Außenkontakten ihre Räume.

Blick vom Garten des Bergrestaurants Luisenhof in Loschwitz ins Elbtal

Etliche Milliarden Euro wurden in der sächsischen Landeshauptstadt investiert. Die Hochwasserkatastrophe im August 2002 war für viele Betriebe existenzbedrohend. Unterstützt von Spenden und staatlichen Hilfsprogrammen von EU, Bund und Ländern hat man die Schäden in Höhe von 376 Mio. Euro behoben und fast alle Arbeitsplätze erhalten können.

Natur und Umwelt

Flora und Fauna

Die Wasserqualität der Elbe hat sich nach der Schließung vieler veralteter Fabriken erheblich verbessert. Die Belastung der Fische – Zander, Hechte, Kaulbarsche, Aale u. a. – mit Schwermetallen und anderen Schadstoffen ist zurückgegangen. Ob bald wieder fangfrischer Elbfisch auf die Speisekarten kommt, hängt auch davon ab, welche Mengen an Schadstoffen beim Hochwasser in den Fluss gelangten und wie schnell sich der Fluss von der Flut im August 2002 und der Dürre im Sommer 2003 erholt hat. Einige Arten, z. B. der Karpfen und der Wels, sind noch stark gefährdet, vom Aussterben

bedroht oder gar – wie der Stör – verschwunden. Dies hängt auch mit dem Ausbau des Flusses im Interesse der Schifffahrt zusammen, der nun neu überdacht wird.

Bedrohte Ökosysteme gibt es nicht nur im Wasser: Um die Elbaue und ihre Ausläufer als Lebensraum für Pflanzen und Tiere zu erhalten, soll sie mit den Elbwiesen zum flächendeckenden Biotopverbund zusammengefasst werden. 46 Biotope wie Streuobstwiesen, Feldgehölze, aufgelassene Steinbrüche, Teiche, Wiesen- und Ackerrandstreifen stehen als Flächennaturdenkmale unter Schutz. Amphibien, Schmetterlinge, Schnecken und Singvögel finden in den geschützten Gebieten Lebensraum.

Grüne Lungen

Das größte Landschaftsschutzgebiet und ein wichtiger Sauerstoffspender ist die Dresdner Heide nordöstlich der Stadt. In diesem mehr als 50 km² großen, von Bächen durchzogenen Mischwald entspringen mehrere Quellen. Das sternförmige Wegenetz des Naherholungsgebiets stammt noch aus der Zeit Augusts des Starken. Es ist weitläufig genug, um große Scharen von Sonntagsausflüglern aufzunehmen. Für einen kurzen Spaziergang empfiehlt sich der Große Garten: Mitten in der Stadt und schnell zu erreichen, ist Dresdens grüne Lunge für Freizeitaktivitäten jeder Art ideal.

Luftqualität und Stadtflucht

Die Luftqualität hat sich in den vergangenen Jahren erheblich verbessert, weil die Schwefeldioxidbelastung verringert werden konnte. An der Nossener Brücke zum Beispiel ging 1995 ein modernes Gas- und Dampfturbinen-Heizkraftwerk in Betrieb, das zwei alte Kraftwerke mit hohen Emissionswerten überflüssig machte. Leider sorgt der stark gestiegene Autoverkehr vor allem mit Stickoxiden für dicke Luft.

Immer mehr Städter lassen sich auf dem Land nieder und pendeln zur Arbeitsstätte. Damit wächst der Siedlungsdruck auf das (noch) grüne Umland. Die Besiedlung soll auf die Gebiete konzentriert werden, die ans S-Bahn-Netz angebunden sind. Um die Verkehrssituation in der City zu verbessern, ist geplant, die Stadt vom Durchgangsverkehr zu entlasten.

Klima und Reisezeit

Im oberen Elbtal herrscht das für weite Bereiche Mitteleuropas typische Klima, bei dem sich maritime und kontinentale Strömungen überlagern. Durch den maritimen Einfluss sind die Temperaturunterschiede zwischen Sommer und Winter nicht so groß wie etwa in Süddeutschland: Während die durchschnittliche Tagestemperatur im Juli und August um 24 °C liegt, bewegt sie sich im Winter knapp über dem Gefrierpunkt.

Innerhalb der Elbtalweitung liegt Dresden geschützt und besitzt ein milderes Klima als die übrigen sächsi-

Ruderpartie auf dem Carolasee

schen Städte. Dadurch entstehen jedoch klimatische Probleme anderer Art: In den Talkessel dringt kaum ein Lufthauch vor, und die Dunstglocke über der Stadt kann nur schwer abziehen. Im Hochsommer ist es daher in Dresden oft recht schweißtreibend heiß und feucht.

Angenehm daran ist, dass man die lauen Sommerabende im Freien verbringen kann. Dann fühlt man sich in den Straßencafés der Neustadt wie am Mittelmeer, und in den Biergärten an der Elbe ist bis spät in die Nacht noch Hochbetrieb.

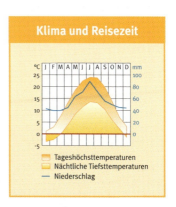

Klima und Reisezeit

- Tageshöchsttemperaturen
- Nächtliche Tiefsttemperaturen
- Niederschlag

6. Jh. Am Übergang über die Elbe entsteht das slawische Fischerdorf Drezdany (»Sumpfwaldbewohner«).

929 König Heinrich I. lässt in Meißen eine Burg bauen. Von dort wird das Land östlich der Elbe christianisiert.

1089 Die Wettiner erhalten die Markgrafschaft Meißen als Lehen. Die wettinische Herrschaft dauert bis 1918.

1485 Leipziger Teilung: Die Wettiner teilen ihren Besitz in eine ernestinische und eine albertinische Linie. Herzog Albrecht macht Dresden zu seiner Residenz.

1539 Die Reformation wird in Dresden eingeführt.

1547 Durch den Sieg im Schmalkaldischen Krieg erringt Herzog Moritz, der sich mit den Katholiken unter Kaiser Karl V. verbündet hatte, die Kurwürde. Dresden wird Haupt- und Residenzstadt des Kurfürstentums Sachsen.

1694 Friedrich August I., »August der Starke«, wird Kurfürst von Sachsen. Er betreibt den Ausbau der Kunstsammlungen, die sein Vorgänger, Kurfürst August, angelegt hatte.

1697 August der Starke tritt zum katholischen Glauben über und wird als August II. König von Polen.

1705–1709 Johann F. Böttger entwickelt mit Unterstützung von Ehrenfried W. von Tschirnhaus das europäische Hartporzellan.

1756–1763 Im Siebenjährigen Krieg erobert Preußen auch Dresden. König August III. flüchtet nach Warschau. Dresden wird zur Hälfte zerstört.

1806 Französische Truppen besetzen die Stadt. Sachsen tritt dem Rheinbund bei und wird Königreich unter dem Protektorat Napoleons.

1813 Völkerschlacht bei Leipzig. Die Franzosen kapitulieren, der Rheinbund wird aufgelöst. Der russische Fürst von Repnin-Wolkonski residiert als Generalgouverneur von Sachsen in Dresden.

1815 Neuordnung Europas auf dem Wiener Kongress. Sachsen verliert die nördliche Hälfte seines Territoriums an Preußen. Dresden bleibt königliche Residenzstadt.

1828 Die Technische Bildungsanstalt, aus der später die Technische Universität hervorgeht, wird eröffnet.

1839 Erste deutsche Fernbahnlinie zwischen Dresden und Leipzig.

1849 Im Mai kämpfen bewaffnete Aufständische für eine bürgerliche Regierung. Preußische und sächsische Truppen schlagen den Dresdner Maiaufstand nieder.

1862 Die erste Zigarettenfabrik Deutschlands beginnt in Dresden mit der Produktion.

1901 In Loschwitz wird die erste Bergschwebebahn der Welt in Betrieb genommen.

1918 Der letzte sächsische König, Friedrich August III., dankt in der Novemberrevolution ab.

1920 Dresden wird Hauptstadt des demokratischen Freistaats Sachsen.

1933 Der Dresdner Oberbürgermeister Dr. Wilhelm Külz (SPD) wird von den Nationalsozialisten abgesetzt.

1935 Der Flughafen Dresden-Klotzsche wird eröffnet.

1938 In der so genannten Reichskristallnacht geht Gottfried Sempers Synagoge in Flammen auf.

Kultur gestern und heute

Wer nach Dresden kommt, den erwartet das üppige Kulturangebot, das der Stadt einst den Namen »Elbflorenz« eingebracht hat: barocke Bauten, kostbare Gemälde, edles Porzellan. Sei es ein Besuch im Grünen Gewölbe, eine Aufführung des Kreuzchors oder ein Abend in der Semperoper – das stil- und stimmmungsvolle Ambiente im Herzen der Altstadt verleiht dem kulturellen Genuss eine besonders exklusive Note.

Architektur

Barocke Pracht

Berühmt wurde Dresden durch die prächtigen Barockbauten, die in der Regierungszeit Augusts des Starken und seines Sohnes Friedrich August II. entstanden. Hofarchitekt und Oberlandbaumeister war Matthäus Daniel Pöppelmann, der sich auf Reisen nach Wien, Prag, Rom und Paris Anregungen für seine Dresdner Entwürfe holte.

Er baute den Zwinger, das Japanische Palais, das Taschenbergpalais und Schloss Pillnitz. Auch an der Gestaltung des Großen Gartens und am Umbau der Augustusbrücke wirkte der Westfale mit. Zusammen mit dem Dresdner Ratszimmermeister George Bähr schuf er die Dreikönigskirche.

Bährs Hauptwerk aber wurde die Frauenkirche, die das Selbstbewusstsein der Bürgerschaft gegenüber dem absolutistischen Adel widerspiegelte. Bei seiner Planung orientierte er sich an italienischen Kuppelbauten. Die glockenförmige, sandsteinerne Kuppel der Kirche – eine technische Meisterleistung – setzte er gegen massive Bedenken seiner Kollegen durch. Unter der »steinernen Glocke« befanden sich eine Innenkuppel und vier Emporen, die über die Treppen der vier Kirchtürme zu erreichen waren. Die Fertigstellung der Kirche 1743 erlebte Bähr nicht mehr.

Die Ära Semper

Im 19. Jh. war Gottfried Semper, dessen Geburtstag sich 2003 zum 200. Mal jährte, der Stararchitekt Dresdens. Von ihm stammen die Pläne der Gemäldegalerie am Zwinger, der Sächsischen Staatsoper und der Dresdner Synagoge, die 1938 von den Nationalsozialisten niedergebrannt wurde. Der politisch aktive Demokrat mischte

Im Schillerhäuschen fühlte sich der Dichter wohl

sich ins gesellschaftliche Leben ein und wurde wie sein Musikerkollege Richard Wagner nach seiner Beteiligung am Maiaufstand 1849 wegen Hochverrats steckbrieflich gesucht und musste aus Dresden fliehen.

Das Opernhaus brannte im September 1869 bis auf die Grundmauern nieder. Der Auftrag für die Planung des Neubaus erging, nachdem die revolutionären Wogen geglättet waren, wiederum an Semper, dessen Sohn die Bauleitung übernahm. 1878 wurde die zweite Semperoper eingeweiht, ein im Stil der italienischen Hochrenaissance errichteter Sandsteinbau.

Paläste der Industrialisierung

Um 1900 erlebte Dresden einen gewaltigen Bauboom. Neue Arbeiterviertel, Industriebauten und Gründerzeitvillen verliehen dem Stadtbild bürgerliche Züge. Hans Erlwein, Stadtbaurat von 1905 bis zu seinem frühen Tod 1914, spielte dabei eine zentrale Rolle. Der zu Lebzeiten wegen seiner schmucklosen und sachlichen Entwürfe heftig umstrittene und heute in Dresdner Fachkreisen hoch geschätzte Architekt, schuf den 40 m hohen und 70 m breiten Erlwein-Speicher an der Elbe, in dem hauptsächlich Tabak, Baumwolle und Papier gelagert wurden. Erbaut 1913/14, war er Dresdens

Kunstmetropole

Dresdens Weltruhm als Kunstmetropole geht auf die Sammelfreude und den Kunstsinn Augusts des Starken und seiner Nachfolger zurück. Gemälde von Lucas Cranach, Hans Holbein und Albrecht Dürer, Raffael, Tizian und Rembrandt wurden für die kurfürstliche Galerie erworben, wo man sie noch heute bewundern kann. Im Jahr 1705 hoben die Wettiner eine Kunstakademie aus der Taufe, an der in späteren Jahren u.a. Ludwig Richter, Anton Graff, Oskar Kokoschka, Ernst Rietschel, Gottfried Semper und Heinrich Tessenow lehrten.

Einen reizvollen Kontrast zu den altehrwürdigen Herrlichkeiten bietet die quirlig-schrille Kunst- und Literaturszene, die in der Neustadt ihre bunten Blüten treibt.

Die Yenidze, ein Monument der kreativen Dresdner Industriearchitektur

Historische Fassaden am Körnerplatz in Loschwitz

erste große Stahlbaukonstruktion. Auch der Schlachthof am Ostragehege mit seinen mehr als 60 von einer Ringstraße umgebenen Hallen entstand 1906–1910 nach Erlweins Plänen (s. auch Special S. 8). Ein Beispiel besonders origineller Industriearchitektur ist die benachbarte Yenidze-Zigarettenfabrik von 1909 (Architekt: Martin Hammitsch). Der »märchenhafte« Entwurf der Tabakmanufaktur als Moschee mit Glaskuppel, unter deren Minarett sich der Fabrikschornstein versteckt, lässt den Betrachter noch heute mit offenem Mund staunen.

Um 1900 spross die Villenpracht von Blasewitz hervor. Die Häuser mit ihren Türmchen, spitzen Giebeln und Erkern gehörten damals den oberen Zehntausend und sind heute besonders begehrt. Für die kleinen Leute entstand als Reaktion auf die dunklen städtischen Mietskasernen die Gartenstadt Hellerau.

Ausgangspunkt waren die 1910 von Richard Riemerschmid errichteten Deutschen Werkstätten, in denen sachlich-schlichte, für jedermann erschwingliche Möbel gefertigt wurden. Für die Arbeiter der Werkstätten planten Hermann Muthesius und Heinrich Tessenow Reihenhäuser mit Garten, um die Einheit von Leben und Arbeiten zu realisieren. Darauf verwies auch das Yin-Yang-Zeichen am Giebel von Tessenows Festspielhaus, das mit seinem tempelartigen Portikus in die Architekturgeschichte einging.

Die Zwanzigerjahre

Die Zwanzigerjahre brachten extravagante Formen in die Dresdner Architektur: Am Stübelplatz entstand das skurrile »Kugelhaus«, ein kugelförmiger Bau auf kleinster Grundfläche, mit dem die Nationalsozialisten in ihrer rechtwinkligen Hakenkreuz-Denkweise nichts anfangen konnten: Sie erklärten das Kugelhaus für »entartet« und ließen es abreißen. Das 1929 am Albertplatz gebaute Hochhaus, das erste seiner Art in Dresden, steht dagegen heute noch. Atemberaubende elf Stockwerke ist es hoch!

Die Frauenkirche

Im Jahr 1989, noch bevor das Ende der Deutschen Demokratischen Republik besiegelt war, bildete sich in Dresden eine Interessengemeinschaft, die das Ziel verfolgte, die bei den Bombenangriffen 1945 zerstörte Frauenkirche wiederaufzubauen. Viele Gleichgesinnte schlossen sich an. Die treibende Kraft war der Trompetenvirtuose Professor Ludwig Güttler. Eine Bürgerinitiative bildete sich, aus der die heutige »Gesellschaft zur Förderung des Wiederaufbaus der Frauenkirche e. V.« hervorging. Die Gesellschaft kümmert sich um alle mit dem Aufbau zusammenhängenden Fragen und Aufgaben.

Der Gründung der Initiative gingen lange kontroverse Debatten voraus: Gegner des Projekts wollten die Ruine als Mahnmal gegen sinnlose Kriegszerstörung stehen lassen. Doch mit dieser Ansicht stießen sie bei der Mehrheit der Dresdner, für die die Frauenkirche immer auch ein Symbol des freien Bürgerwillens war, auf wenig Verständnis. Auch der damalige Bundeskanzler Kohl befürwortete das Projekt. Er sicherte die finanzielle Unterstützung des Bundes zu, und 1990 war der Wiederaufbau beschlossene Sache.

Die veranschlagten Baukosten von 130 Millionen Euro will der Förderverein zum größeren Teil aus Spenden aufbringen. Er entwickelte eine Menge Initiativen. Hier gilt das geflügelte Wort vom Kleinvieh, das auch Mist macht: Geld fließt z. B. aus dem Verkauf von Armbanduhren mit einem Miniatursandstein, vor allem aber aus so genannten Stifterbriefen, mit denen symbolisch Wiederaufbausteine »adoptiert« werden können. 1,3 Millionen Euro jährlich schießt die Stadt Dresden zu.

Mit dem Beschluss zum Wiederaufbau war ein überdimensionales Puzzlespiel zu bewältigen. Tausende wiederverwendbarer Steine mussten zunächst katalogisiert werden und sind großenteils schon wieder eingebaut. Wenn das Bauwerk fertig ist, wird ein Drittel der Außenfassade aus dunklen alten Steinen der Kirchenruine bestehen. Es erhält dadurch von selbst den Charakter eines Mahnmals.

Der Bau geht zügig voran. Seit Herbst 1996 finden in der Krypta bereits wieder Gottesdienste und Konzerte statt. Da die Kirche in Zukunft verstärkt als Konzertraum genutzt werden soll, hat man im Tiefgeschoss außerhalb der Fundamentmauern Räume für Garderoben und die technische Nutzung gebaut. Im August 2003 war die Kuppel vollendet und fielen die meisten Außengerüste. Im Juni 2004 soll das Turmkreuz aufgesetzt werden. Am Reformationstag 2005 schließlich sollen die aus zahlreichen Veranstaltungen bestehenden Einweihungsfeierlichkeiten beginnen. Den aktuellen Baufortschritt kann man per Webcam unter www. frauenkirche.org im Internet verfolgen. Täglich finden stündlich von 10–16 Uhr Führungen in der Unterkirche statt.

Nachkriegsarchitektur

Nach 1945 sollte die zerbombte Stadt zu einer großflächigen und verkehrsgerechten sozialistischen Metropole umgestaltet werden. Die Quader, die man in den 1970er Jahren an die Prager Straße gestellt hat, machen die Vorbehalte der Dresdner gegenüber moderner Architektur verständlich. Am Wiener Platz liegt eine der größten Baustellen Deutschlands. Ein 600 m langer Autotunnel und eine Tiefgarage mit 830 Parkplätzen sind fertiggestellt; der Bau von Geschäftshäusern auf der rund 20 000 m² großen Fläche geht nur langsam voran.

Gegenüber erhält der Hauptbahnhof ein futuristisches Teflon-Dach des Stararchitekten Sir Norman Foster. Das neue Landtagsgebäude hinter der Semperoper mit dem runden, gläsernen Plenarsaal, mit dem der Architekt Peter Kulka seine Heimatstadt bereichert hat, wurde 1993 bezogen. Ansprechend ist auch das 1996 eingeweihte World Trade Center mit seinem runden Turm und dem Glas überdachten Innenhof. Neue Maßstäbe setzen auch das 1998 fertiggestellte, futuristisch anmutende Kino »Ufa-Palast« nahe der Prager Straße, die »Gläserne Manufaktur« des VW-Konzerns am Straßburger Platz, das neue Kongresszentrum an der Marienbrücke, das im Herbst 2004 eröffnen soll, sowie der Umbau des Militärhistorischen Museums durch Daniel Libeskind, der bis 2007 realisiert sein soll.

Literatur

Klassiker und Romantiker

Große Dichter gingen in Dresden von jeher ein und aus: Friedrich Schiller schrieb hier an seinem Drama »Don Carlos« und vollendete 1785 die Ode »An die Freude«. Eingeladen hatte ihn

Der Wiederaufbau der Frauenkirche geht voran; hier der Stand September 2003

der Jurist und Literaturfreund Johann Gottfried Körner, dessen Villa am Kohlmarkt ein Künstler-Treffpunkt war. Auch Goethe, die Brüder Humboldt und Freiherr vom Stein ließen sich hier sehen – nicht zu vergessen Johann Gottfried Herder, der Dresden »ein deutsches Florenz« genannt hatte. Heinrich von Kleist, ebenfalls Gast bei Körner, versetzte seinen »Michael Kohlhaas« in die Pirnaische Vorstadt, wo er selbst einige Jahre wohnte und »Käthchen von Heilbronn« schrieb.

Auch Körners Sohn Theodor pflegte den Umgang mit den Größen der Literatur und machte sich als Dichter im Befreiungskrieg gegen Napoleon einen Namen (»Lützows wilde verwegene Jagd«). E. T. A. Hoffmanns heiteres Märchen »Der goldene Topf« wurde 1813 in Dresden verfasst – dort, wo »... hinter dem schönen Elbstrom das herrliche Dresden kühn und stolz seine lichten Türme emporstreckt« –, so der Student Anselmus bei Hoffmann über die Schönheit der Stadt.

War bis 1815 das Körnerhaus Mittelpunkt des literarischen Lebens, wurde später das Eckhaus des Novellisten Ludwig Tieck an der Kreuzkirche zum Treff der Künstler. Tieck, von 1825 bis 1841 Dramaturg am Hoftheater, lud zu Leseabenden, Vorträgen und Diskussionen ein und focht gegen biedermeierliche Gemütlichkeit.

Spätes 19. Jahrhundert

In der zweiten Hälfte des 19. Jhs. erwachte das Interesse des Dresdner Bürgertums an der feudalen Vergangenheit. Der polnische Schriftsteller Ignacy Kraszewski kam 1863 nach Dresden und versorgte die romanhungrige Leserschaft mit Adelsgeschichten – z. B. mit einer Romantrilogie über Sachsen und Polen, August den Starken und die Gräfin Cosel. An den Autor erinnert ein kleines Literaturmuseum in seiner damaligen Villa in der Nordstraße 28, einer ruhigen grünen Ecke der Neustadt.

1875 wurde der Volksschullehrer Karl May Redakteur bei einer Dresdner Familienzeitschrift. Er tat sich als Autor von Fortsetzungsromane für das Blatt hervor, später schrieb er als freier Autor Abenteuergeschichten, die im Wilden Westen oder im Orient spielen, in Regionen, in die der Autor niemals seinen Fuß gesetzt hatte. Der Winnetou-Erfinder scharte eine große Fangemeinde um sich. Schon zu Lebzeiten verdiente der Erfolgsautor viel Geld. 1893 konnte er sich eine Villa in Radebeul kaufen. Diese »Villa Shatterhand« beherbergt heute das Karl-May-Museum.

Erich Kästners Dresden

Ein echter Dresdner war Erich Kästner, der sich mit Kinderbuchklassikern wie »Emil und die Detektive« oder »Das doppelte Lottchen« ins Bewusstsein mehrerer Generationen schrieb. In seinem Rückblick »Als ich ein kleiner Junge war« (1957) erinnert er sich

Bronzeplastik zu Ehren Erich Kästners

wohlwollend an seine Kindheit in der Elbestadt: »Wenn es zutreffen sollte, daß ich nicht nur weiß, was schlimm und häßlich, sondern auch, was schön ist, so verdanke ich diese Gabe dem Glück, in Dresden aufgewachsen zu sein.« Mit seinen sarkastischen Gedichten und so humorvollen wie kritisch-realistischen Romanen wandte er sich gegen Spießbürgertum, engherzige Moral und Militarismus. Das Haus von Kästners Onkel am Albertplatz beherbergt ein ungewöhnliches Kästner-Museum.

Gegenwartsliteratur

Mit weniger guten Gefühlen denkt Durs Grünbein, Lyriker und Büchnerpreisträger 1995, an seine Heimatstadt. Sie war für ihn »lange Zeit dieser unterbelichtete Film, in dem der Volkspolizist immer das letzte Wort behielt«. Im Gegensatz zu Grünbein, der in Berlin lebt, ist der 1947 geborene Autor Thomas Rosenlöcher an der Elbe geblieben. In dem lesenswerten (Tage)-Buch »Die verkauften Pflastersteine« (1990) hat er die dramatischen Ereignisse der Wendezeit 1989/90 in Dresden festgehalten.

Malerei und Bildhauerei

Blütezeit Barock

Während der Barockzeit war der bayerische Bauernsohn Balthasar Permoser der gefragteste Bildhauer in der Elbestadt. Von ihm stammen die meisten Skulpturen am Zwinger, die Hermengruppe am Wallpavillon sowie Ceres, Vulkan und Venus am Kronentor. Im Großen Garten sind noch vier Herkulesfiguren von ihm erhalten, im Grünen Gewölbe kann man seine fein gearbeiteten Kleinskulpturen aus Holz und Elfenbein bestaunen.

Viele Hofmaler wie Johannes Alexander Thiele, der »Vater der sächsischen Landschaftsmalerei«, und sein Schüler Christian Wilhelm Dietrich, der ab 1764 Professor an der Malerakademie war, bannten die Dresdner Umgebung auf die Leinwand.

Dagegen wurde der Venezianer Bernardo Bellotto, genannt Canaletto, mit seinen detailgenauen Stadtansichten (Veduten) zum großartigen Bildchronisten des Baugeschehens in der Barockstadt. Seine Gemälde, u. a. der berühmte »Canalettoblick« auf die Altstadt sind im Original in den Dresdner Kunstsammlungen zu sehen.

Romantik und Klassizismus

Anfang des 19. Jhs. war Dresden das Zentrum der deutschen Frühromantik, Philipp Otto Runge, Caspar David Friedrich, Ludwig Richter und Carl Gustav Carus waren auf dem Gebiet der Malerei ihre bedeutendsten Vertreter. Die abwechslungsreiche Umgebung Dresdens, vor allem die Sächsische Schweiz, inspirierte sie zu stimmungsvollen Landschaftsbildern. Einige davon, z. B. Richters »Überfahrt über die Elbe am Schreckenstein bei Aussig« und Friedrichs »Kreuz im Gebirge«, hängen in der Galerie Neue Meister im Albertinum.

Historien-, vor allem aber gesuchter Porträtmaler war der Rheinländer Gerhard von Kügelgen, der sich 1805 in Dresden niederließ. Sein Wohn- und Atelierhaus in der Hauptstraße 13 entwickelte sich schnell zu einem Treffpunkt der Dresdner Künstlerszene.

Gerhard von Kügelgens Sohn Wilhelm beschreibt in seinen »Jugenderinnerungen eines alten Mannes« (Manesse Verlag) die anregenden Zusammenkünfte mit den Größen seiner Zeit, darunter Goethe, in seinem Elternhaus.

Wie Kügelgen war ab 1832 auch der Bildhauer Ernst Rietschel Professor an der Kunstakademie. Er modellierte Martin Luthers Kopf für das Denkmal vor der Frauenkirche, das Carl-Maria-von-Weber-Denkmal an der Gemäldegalerie Alte Meister und die Statuen Goethes und Schillers an der Semperoper. Zu seinem 200. Geburtstag ehrt ihn Dresden Ende 2004 mit einer Sonderausstellung. Fünfzehn Jahre nach seinem Tod 1861 setzte ihm sein Schüler Johannes Schilling ein Denkmal, das auf der Brühlschen Terrasse steht. Schillings bekanntestes Werk ist das Reiterstandbild König Johanns auf dem Theaterplatz.

Von der »Brücke« zur Gegenwart

Impressionismus und Jugendstil hatten es Ende des 19. Jhs. nicht leicht, an der Elbe Fuß zu fassen. Erst die nächste ästhetische Rebellion gegen das Bestehende sah Dresden im Zentrum des Aufbruchs. »Jeder gehört zu uns, der unmittelbar und unverfälscht wiedergibt, was ihn zum Schaffen drängt«, heißt es im Programm der Künstlervereinigung »Die Brücke«.

Gegründet wurde sie 1905 von den Architekturstudenten Ernst Ludwig Kirchner, Karl Schmidt-Rottluff und

Erich Heckel und gilt als Keimzelle des Expressionismus. Emil Nolde und Max Pechstein schlossen sich der avantgardistischen »Brücke« an, die »alle revolutionären und gärenden Elemente an sich zu ziehen« bestrebt war.

Um ihre bürgerliche Herkunft hinter sich zu lassen, zogen die »Brücke«-Künstler ins Arbeiterviertel Dresden-Friedrichstadt. Ihre dynamische, spontane Malweise fand ihre Themen bevorzugt in farbig-sinnlichen Landschaftsdarstellungen und Aktbildern. In den Sommermonaten 1909–1911 malten Kirchner, Heckel und Pechstein vornehmlich Akte (»Drei Badende«) in freier Natur an den Moritzburger Seen. Kirchner provozierte auch mit schnappschussartigen städtischen Straßenszenen. Die Nationalsozialisten stuften die »Brücke«-Kunst als entartet ein, desgleichen die Werke des Österreichers Oskar Kokoschka, der von 1919 bis 1923 an der Dresdner Kunstakademie lehrte. Auch Otto Dix fand vor den Nazis keine Gnade: 1933 wurde ihm seine Professur an der Kunstakademie entzogen. Sein berühmtes Triptychon »Der Krieg« hängt in der Gemäldegalerie Neue Meister.

Veranstaltungskalender

Über Veranstaltungen in Dresden informieren monatlich erscheinende Hefte, z. B. das Stadtmagazin »Sax« und die kostenlosen Hefte »Dresdner Kulturmagazin«, »Fritz – Das Magazin«, »Prinz«, »Blitz« und »Theater – Konzert – Kunst – Kulturkalender für Dresden«. Die »Sächsische Zeitung« enthält donnerstags das Magazin »PLUSZ« für den Zeitraum Donnerstag bis Mittwoch. Der aktuelle Veranstaltungskalender steht im Internet unter www.dresden-tourist.de
Januar Neujahrskonzerte der Dresdner Philharmonie und der Staatskapelle.
Februar Konzerte anlässlich der Zerstörung Dresdens am 13./14. Februar 1945 in der Semperoper, der Kreuzkirche und der Frauenkirche.
April Dresdner **Filmfest** für Animations- und Kurzfilme, Dresdner **Opernfestspiele** (alle zwei Jahre), **Frühlingsfest** auf den Elbwiesen: großer Jahrmarkt.
Mai Dampferparade der Sächsischen Dampfschifffahrt; Internationales **Dixieland-Festival; Kunstmarkt** Dresden.
Mai/Juni Dresdner **Musikfestspiele** (s. Special S. 6). **Karl-May-Festspiele** in Radebeul.
Juni Bunte Republik Neustadt: ein Wochenende, an dem die »Szene« dominiert; **Elbhangfest:** von Loschwitz bis Pillnitz finden Festumzug, Markttreiben, Konzerte, Ausstellungen, Weinproben statt.
Juli/August Filmnächte am Elbufer; **»Dresdner Vogelwiese«,** eines der ältesten Schützenfeste Deutschlands; **Stadtfest** mit Dampferparade.
September Dresdner **Herbstmarkt:** Handwerkerschau mit sächsischen Spezialitäten auf dem Altmarkt.
Oktober Dresdner **Tage der zeitgenössischen Musik; Frauenkirchen-Festwoche;** Dresdner **Herbstfest** am Elbufer.
November Dresdner November – Kultur und Shopping mit Events.
Dezember Dresdner **Striezelmarkt,** der älteste deutsche Weihnachtsmarkt auf dem Altmarkt.

»Standard TX« von A.R. Penck

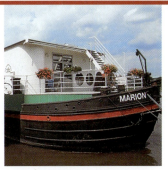

Auf dem Theaterkahn »Marion« spielt das Dresdner Brettl

Künstler der Gegenwart

Einer der erfolgreichsten Maler der Gegenwart, A. R. Penck (eigentlich: Ralf Winkler), wurde 1939 in Dresden geboren. Seine auf archetypische Kürzel reduzierte Malweise machte ihn weltberühmt. Georg Baselitz (geb. 1938), eine weitere Ikone der modernen Kunstszene, ist in Deutschbaselitz bei Dresden aufgewachsen. Vor allem konservative Kunstfreunde sind von seinen vermeintlich auf dem Kopf stehenden Bildern schockiert. Wer sich einen Eindruck von der gegenwärtigen Dresdner Kunstszene verschaffen will, findet dazu in einer der zahlreichen Galerien in der inneren und äußeren Neustadt und rund um den Körnerplatz in Loschwitz Gelegenheit.

Musik und Theater

Vom Kreuzchor bis Wagner

Die älteste musikalische Institution der Elbestadt ist der **Kreuzchor** – mit rund 150 Sängern heute einer der großen deutschen Knabenchöre. Seit dem 13. Jh. werden eigens für den liturgischen Gesang in der Kreuzkirche Sänger ausgebildet. Die Jungen besuchen die gleiche Schule, die 1399 erstmals urkundlich erwähnte Kreuzschule. Von 1930 bis 1971 leitete der Kreuzkantor Rudolf Mauersberger, den Chor und machte die Kruzianer in der ganzen Welt berühmt.

Als Theater- und Opernstadt erlangte Dresden früh Bedeutung. Neben dem Schloss entstand 1664 bis 1667 das **Komödienhaus**, einer der ersten festen Theaterbauten in Deutschland. Anlässlich der Hochzeit von Kurprinz Friedrich August mit der Habsburgerin Maria Josepha wurde 1719 das **Große Opernhaus am Zwinger** eingeweiht. Das Opernorchester bildete die als »Hofcantorey« entstandene Hofkapelle, die Vorgängerin der Staatskapelle.

Im 17. und 18. Jh. dominierte die italienische Oper den Spielplan. Auch die Sängerinnen und Sänger wurden meist aus Italien geholt – wie etwa der Kastrat Farinelli oder der Mezzosopranist Francesco Bernardi, genannt Senesino. Carl Maria von Weber, dessen »Freischütz« 1821 in Dresden ein großer Erfolg wurde, verhalf der deutschen Oper beim Dresdner Publikum zum Durchbruch.

Weil das alte Opernhaus für Hoffestlichkeiten genutzt wurde, baute

Gottfried Semper auf dem Theaterplatz ein neues, das 1841 eröffnet wurde. Als Hofkapellmeister fungierte 1843 Richard Wagner, der hier seine Opern »Rienzi«, »Der Fliegende Holländer« und »Tannhäuser« uraufführte, bevor er 1849 als Revolutionär fliehen musste.

Dresdens Bühnen heute

Die erste Hälfte des 20. Jhs. war die große Zeit von Richard Strauss, der der Dresdner Oper zu Weltruhm verhalf. Heute finden in der **Semperoper** neben dem Opernprogramm auch Inszenierungen des Ballett Dresden und Sinfoniekonzerte der Sächsischen Staatskapelle statt.

Das Dresdner **Staatsschauspiel** legt großen Wert auf Vielfalt. Pro Jahr werden etwa 15 Neuinszenierungen auf die Bühne gebracht. Im 1995 restaurierten Schauspielhaus am Zwinger stehen vorwiegend Klassiker auf dem Programm. Das **Schlosstheater** im Residenzschloss wurde 1999 gegründet: außen eine prächtige, sorgfältig restaurierte Fassade, innen ein Theater mit harten Texten, Provokationen und bizarren Regieanweisungen. Das **Theater in der Fabrik** spielt in Löbtau in einer Fabrikhalle und bietet neue Texte, bizarre Erzählformen, überraschende Bühnenlösungen.

Dass man auch auf dem Wasser Theater spielen kann, beweist Friedrich-Wilhelm Junge mit seinem **Theaterkahn** neben der Augustusbrücke unterm italienischen Dörfchen. Sein **Dresdner Brettl** hat sich erfolgreich der geistreichen Unterhaltung verschrieben. Kabarett, Chansons, Komödien, aber auch Texte des »Hausautors« Erich Kästner werden auf dem Kahn »Marian« geboten.

Viel Zuspruch beim Dresdner Publikum findet Jürgen Wölffers 1996 eröffnete **Komödie** im World Trade Center.

Sein Rezept: Heitere, international erfolgreiche Stücke wie die des Broadway-Autors Neil Simon werden von Publikumslieblingen wie Heinz Rennhack oder Dorit Gäbler gespielt.

Wer etwas Dresdentypisches erleben will, sollte sich einen der mitreißenden Kabarettabende der **Herkuleskeule** ansehen. Dort tobten schon vor 1989 Beifallsstürme, wenn Mangelwirtschaft und realsozialistischer Amtsschimmel dem Gelächter preisgegeben wurden. Nicht weniger beliebt ist das Kabarett Breschke & Schuch am Wettiner Platz.

Operette und Musical haben im ehemaligen Tanzlokal Feenpalast in Dresden-Leuben eine Heimstatt. Dort hat seit über 50 Jahren die **Staatsoperette** ihre provisorische Spielstätte. Sinfonien und Konzertmusik bringt die **Dresdner Philharmonie** zur Aufführung, die seit 1969 im Kulturpalast am Altmarkt auftritt und sich 2004 besonders den Werken von Berlioz und Dvorak verpflichtet fühlt.

Im Sommer ziehen die Orchester ins Freie: **Serenadenabende** im Zwingerhof, im Großen Garten und in den Parks der Schlösser Albrechtsberg und Pillnitz lassen den Musikgenuss zum Erlebnis werden. Das Mekka der Dresdner Jazzfreunde ist der »Jazzclub Tonne« im Keller des Kulturrathauses, Königstraße 15.

Vor der eindrucksvollen Kulisse der Sächsischen Schweiz finden im Sommer die Aufführungen des schönsten sächsischen Openair-Theaters statt. Auf der **Felsenbühne Rathen** kann man Wildwest-Abenteuer nach Karl May und Kindergeschichten wie »Hänsel und Gretel« erleben, aber auch Opern wie den »Freischütz«, der hier schon ein Dauerbrenner ist. (Kartenbestellung s. S. 36/37)

Ein Abend in der Semperoper

Essen und Trinken

In Dresden hat man in den letzten Jahren die regionalen Gaumenfreuden wieder entdeckt; die traditionelle sächsische Küche erlebt eine beachtliche Renaissance. Auch haben immer mehr internationale Restaurants eröffnet – darunter einige Feinschmeckertempel. Die vollständige aktuelle Liste ist nachzusehen unter www.cityguide-dresden.de.

Moritzburger Schweinsröllchen, Lausitzer Kümmelbraten auf Schmorkohl, Dresdner Sauerbraten in Rosinensoße mit Apfelrotkohl und Zinnwalder Knappensteak (Kasslersteak mit Kartoffelpuffern), die Namen deftiger Gerichte, lassen Genießerherzen höher schlagen. Beliebt ist auch Fisch, vor allem Karpfen aus sächsischen Teichen; im Freistaat werden mehr als 8000 ha bewirtschaftet. Ein trockener Elbwein passt hervorragend dazu.

Wer es noch rustikaler liebt, bestellt Schlachtplatte, Sülze, Hackepeter und Grützwurst (Blutwurst mit Getreidegrütze). Nicht zu vergessen ist die berühmte sächsische Kartoffelsuppe mit gebräunten Speckwürfeln, Majoran, Zwiebeln, Möhren und Kamenzer Würstchen. Dazu schmeckt ein frisches, würziges Bier, etwa ein Radeberger oder Freiberger Pilsener oder das in Sachsen besonders beliebte Schwarzbier aus Eibau in der Oberlausitz.

Zum Kaffee, immer noch eine Art sächsisches Nationalgetränk, isst man Streuselkuchen, Zuckerkuchen oder die für Dresden typische Eierschecke (nicht -schnecke!), ein Hefegebäck mit Quarkbelag. Weit über die sächsischen Landesgrenzen hinaus bekannt ist der zu Weihnachten gebackene Dresdner Christstollen mit Rosinen und Mandeln.

Sächsische Küche

▌ **Luisenhof,** Bergbahnstraße 8, Tel. 2 14 99 60. Der Balkon Dresdens mit einzigartiger Aussicht bietet neben sächsischer Küche auch eine große Kuchenauswahl..

▌ **Restaurant Trompeter,** Bautzner Landstr. 83, Tel. 2 68 31 23. Die frühere Ausspanne an der Handelsstraße nach Bautzen bietet sächsische und internationale Küche in rustikalem Ambiente. Hinterm Haus schöner Biergarten. ○○○

▌ **Gasthaus zur Eule,** Grundstr. 100, Tel. 2 67 86 67. Historischer Loschwitzer Gasthof. Die deftigen sächsischen Gerichte verdienen einen Eulenschnaps (Kräuter). ○○

▌ **Hubertusgarten,** Bautzner Landstr. 89, Tel. 4 60 47 00. Traditions-Gasthaus auf dem Weißen

Wackerbarths Weinidylle

August Christoph Graf von Wackerbarth, Generalfeldmarschall am Hof Augusts des Starken, liebte die Reben und suchte einen standesgemäßen Alterssitz. Seine Wahl fiel auf Radebeul, mitten im Weinanbaugebiet zwischen Dresden und Meißen gelegen. Dort ließ sich der Graf 1729 von Hofbaumeister Johann Christoph Knöffel am Fuß der Weinberge ein barockes Schloss mit Park und Weinkeller bauen, dem er den Namen »Wackerbarths Ruh« gab. Später wünschte er sich noch ein Belvedere, das ihm Zwinger-Baumeister Matthäus Daniel Pöppelmann errichtete. Von 1731 bis 1734 lebte Wackerbarth in Radebeul, und dem Besucher fällt es leicht, sich den schönen Lebensabend vorzustel-

Hirsch. Wildgerichte, fangfrische Forellen und Karpfen. Schattiger Biergarten hinterm Haus; freundliche Bedienung. ○○

▌ **Kartoffelkeller,** Nieritzstr. 11, Tel. 8 17 63 58. Im urigen Gewölbe nahe der Königstraße dreht sich alles um die Knolle. Spezialität des Hauses ist der hauseigene Kartoffelschnaps. ○○

▌ **Körnergarten,** Friedrich-Wieck-Str. 26, Tel. 2 68 36 20. Eine ttLoschwitzer Institution direkt an der Elbe unweit des Blauen Wunders. Hier kommt viel Fisch und Geflügel auf den Tisch. ○○

▌ **Bei Muttern,** Schönfelder Straße 2, Tel. 8 02 85 37. Inmitten des Kneipenviertels Äußere Neustadt, wo sich internationales Flair breit macht, kocht »Mutter« deftige Hausmannskost. ○

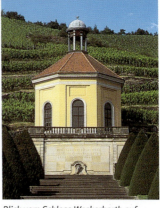

Blick vom Schloss Wackerbarth auf das Belvedere

▌ **Radeberger Spezialausschank,** Terrassenufer 1, Tel. 4 84 86 60. Das bekannte Lokal mit dem bekannten Bier in prominentester Lage direkt an der Brühlschen Terrasse. ○

len, den der Graf in dieser familiären Anlage verbrachte. Vorn der gepflegte Garten, hinter dem Haus die Weinberge: soviel Beschaulichkeit lässt sich trotz der nahen Hauptstraße auch heute noch genießen.

Seit dem 1. April 1992 ist Schloss Wackerbarth der feudale Sitz des Sächsischen Staats-Weingutes, zu dem ca. 120 ha Weinanbaufläche und eine eigene Kellerei gehören. Angebaut werden u. a. Riesling, Traminer, Ruländer, Weißburgunder und Müller-Thurgau. Das milde Klima im Elbtal, die alten Trockenmauern, die die Wärme der Sonnenstrahlen speichern und nachts wieder abgeben, und die lange Erfahrung der Winzer sind die Garantie für die gute Qualität der meist trockenen sächsischen Weine.

Seit Ende 2002 bietet in Schloss Wackerbarth die »Gläserne Sektmanufaktur« sinnliche Sekt- und Weinführungen (»Historische Tour mit Verkostung von drei Weinen«) mit bunten Farben, erlesenen Düften und schönen Klängen. Auch klassische Weinproben, mit den Menüs der erstklassigen Küche kombiniert, werden in dem Erlebnis-Weingut angeboten.

Man kann die Räumlichkeiten von Schloss Wackerbarth auch für Veranstaltungen in festlichem Rahmen oder für Tagungen mieten. Geöffnet tgl. 10–18 Uhr; nähere Informationen unter Tel. 03 51/89 55-0 oder Fax 89 55 25-0, www.schloss-wackerbarth.de

▪ **Lindenschänke,** Alt-Mickten 1, Tel. 8 59 95 77. Schön restauriertes uraltes Gasthaus an der Elbe. Im Sommer sitzt man im Schatten der Bäume auf der Terrasse, im Winter am Kachelofen. Außer sächsischen serviert der aus Süddeutschland stammende Wirt Gerd Kastenmeier auch bayerische Spezialitäten. ⃝⃝

▪ **Sächsisch Böhmisches Bierhaus Altmarktkeller,** Altmarkt 4, Tel. 4 81 81 30. Gemütlicher großer Bierkeller. Freitags sorgt eine Blaskapelle für Stimmung. ⃝⃝

▪ **Zum alten Fährhaus,** Fährstr. 20, Tel. 2 52 36 21. Im dörflichen Vorort Laubegast an der Elbe. Die sächsische Küche ist volkstümlich-preiswert. ⃝

▪ **Pulverturm,** An der Frauenkirche 12a, Tel. 26 26 00. Romantik und regionale Küche im historischen Flair des Coselpalais-Kellers. ⃝

▪ **Borocco,** Altmarkt 10, Tel. 8 62 30 43. Gutbürgerliche sächsische Küche. Trotz der zentralen Lage gute Preise. ⃝

Feinschmecker- und internationale Küche

▪ **Das Caroussel,** Rähnitzgasse 19, Tel. 8 00 30. Edel-Restaurant des Hotels »Bülow Residenz«, mit Stern im Guide Michelin ausgezeichnet; Leitung Ralf J. Kutzner, Küchenchef Stefan Hermann. Das Feinste vom Feinen; z.B. Cordon bleu vom Lachs, Zander auf Spinatnudeln. ⃝⃝⃝

▪ **Kahnaletto,** Terrassenufer/Augustusbrücke, Tel. 4 95 30 37. Exzellenter Italiener auf dem »Theaterkahn« unterhalb des Italienischen Dörfchens. Meeresfrüchte und frischer Fisch, täglich neue Speisekarte. ⃝⃝⃝

▪ **Alte Meister,** Café & Restaurant, Theaterplatz 1a, Tel. 4 81 04 26. Tagsüber elegantes Café in schnörkellosem Kunst-Ambiente, abends gehobenes Restaurant für Genießer. Mediterrane Küche und umfangreiche Weinkarte. ⃝⃝⃝

▪ **Villa Marie,** Fährgässchen 1, Tel. 3 11 11 86. Neben bzw. unter dem Blauen Wunder auf der Blasewitzer Seite kocht iner der besten und gediegensten Italiener der Stadt. Die Pasta ist hausgemacht und die Weine stammen direkt von den Erzeugern. Yuppie-Treffpunkt. ⃝⃝⃝

▪ **Fischhaus Alberthafen,** Magdeburger Str. 58, Tel. 4 98 21 10. Wer gern Fisch isst, sollte den Weg zum etwas abgelegenen Elbehafen nicht scheuen. Auf mehreren Decks werden Köstlichkeiten wie Fischsuppe »Poseidon« oder der Fischhaussspieß mit Medaillons vom Kapwels serviert. Von der Terrasse schaut man auf das bhistorische Hafenbecken mit beleuchtetem Springbrunnen. ⃝⃝

▪ **Schmidt's Restaurant,** Moritzburger Weg 67, Tel. 8 04 4 8 83. Im schön restaurierten Gebäudekomplex der Deutschen Werkstätten kann man hier frische Gourmetküche zu passablen Preisen genießen. ⃝⃝

▪ **Hotel & Restaurant Sorgenfrei,** Augustusweg 48, Radebeul, Tel. 8 93 33 30. Der kulinarische Ausflug in das denkmalgeschützte Märchenschloss lohnt sich. Christoph Fischer zaubert hier badische, elsässische und französische Köstlichkeiten hervor. ⃝⃝

▪ **Schoppenstube Hoflößnitz,** Knohlweg 37, Tel. 8 36 41 70. Der Küchenchef Matthias Gräfe bringt Frisches aus der Region auf den Tisch – passend zu den eigenen Weinen. ⃝⃝

▪ **Anno Domini,** Klotzsche Hauptstr. 27, Tel. 8 80 45 70. Gerichte nach original mittelalterlichen Rezepturen am offenen Kamin, Fr/Sa gar umrahmt von musikalischen Gaukeleien (Mo–Sa 17–23, So 11–23 Uhr). ⃝⃝

Im Ball- und Brauhaus Watzke mundet das im Haus gebraute Bier

Villandry, Jordanstr. 8,
Tel. 8 99 67 24. Saisonale Küche für Feinschmecker. Für 19,90 € präsentiert Uwe sein dreigängiges Überraschungsmenü. ○○

Kneipen

Ballhaus Watzke, Kötzschenbroder Str. 1, Tel. 85 29 20. Der ehemalige Tanzsaal mit Bühne und Essenstheke besticht nach stilvoller Restaurierung durch sein schönes Ambiente. Biergarten mit Blick auf die Elbe. ○○

Maximus, Maxstr. 5, Tel. 8 10 41 00. Restaurant, Café und Biergarten in einem. Langer Tresen und die längste Sitzbank Dresdens. Internationale Küche. Dauer-Stammlokal vieler Künstler und Journalisten. ○○

Oma, Cossebauder Str. 15, Tel. 4 22 20 66. Essen wie bei Großmutter – auf dem Sofa in der guten Stube. Im Stadtteil Cotta. ○

Plan-Wirtschaft, Louisenstr. 20, Tel. 8 01 31 87. Gemütliche Bierkneipe, ausgestattet mit Haushaltsgegenständen aus DDR-Zeiten in der Dekoration, nicht beim Büfett. Deftige Küche für jeden Geschmack. ○

Paul Rackwitz Schankwirtschaft, Plauenscher Ring 33, Tel. 4 72 08 26.

»Schankbier, Destillate, Delicatessen« bei mattem Licht. Zu Letzteren zählen Pasta-Gerichte und Steaks, Kürbissuppe mit Knoblauch. ○○

Die 100, Alaunstr. 100, Tel. 8 01 39 57. In der Alaunstraße ganz hinten rechts. Eines der ersten Neustädter Szene-Lokale, das allen Veränderungen des letzten Jahrzehnts im Kiez getrotzt hat. Weinkeller und Hinterhof-Garten. ○

Gerücht, Altlaubegast 5, Tel. 2 51 34 25. Kleine rustikale Laubegaster Schankwirtschaft mit herzhaften Speisen im alten Gemäuer nahe der Elbe, wo man mit den Tischnachbarn ins Gespräch kommt. ○

Cafés

Konditorei Kreutzkamm, Seestr. 6, Tel. 4 95 41 72. Früher als königlichsächsischer Hoflieferant am Altmarkt ansässig. Spezialitäten sind Baumkuchen und Christstollen. ○○

Café Toscana, Schillerplatz 7, Tel. 31 00 74 49. Im Jahr 1906 eröffnet, trägt das Traditionscafé den Namen der skandalträchtigen Großherzogin Luise von Toskana; eine wohlschmeckende Kalorienbombe: die Toskana-Torte. ○

Einkaufen

Dresden will nicht mit New York oder London konkurrieren. Es lohnt sich aber, in puncto Shopping sich umzuschauen – hier hat sich einiges getan in der Elbestadt.

An der Prager Straße drängen sich die Filialen der großen Warenhausketten, vor allem Schuh- und Bekleidungsgeschäfte – ein guter Tipp für Schnäppchenjäger. Internationales findet man auch in den über 100 Geschäften der Altmarktgalerie oder entlang der Wilsdruffer Straße.

Wer das Besondere sucht, wird in der Neustadt fündig: in interessanten Läden in der Hauptstraße, anspruchsvollen in der Königstraße und schrillen um die Alaun- und Görlitzer Straße.

Typisch sächsische Mitbringsel sind erzgebirgische Schnitzereien, Plauener Spitzen, Elbwein, Pulsnitzer Pfefferkuchen und Dresdner Christstollen. Für Meißner Porzellan muss man etwas tiefer in die Tasche greifen.

Accessoires

▌ **Le Bagage,** Königstr. 8, Tel. 8 01 06 85, Damentaschen, Travel- und Businessgepäck führender Designer-Labels.
▌ **Achat Schmuckdesign,** Passage Königstr. 8, Tel. 8 04 72 54, Tatjana Neumann präsentiert Kreationen von hochkarätigem Gold.

Antiquitäten

▌ **Antiquitäten am Goldenen Reiter,** Hauptstr. 17/19, Neustadt, Tel. 8 03 07 40. Maritta Schuster verkauft altes Meissener Porzellan, Glas, altes Spielzeug und Leinen.

▌ **Kunsthandlung Kühne,** Plattleite 68, Weißer Hirsch, Tel. 2 67 90 64. Kunst aus Dresden und anderswo von Barock bis zur Gegenwart.
▌ **Historische Möbel & Antiquitäten,** Königsbrücker Str. 47, Neustadt, Tel. 8 04 50 78. Gute alte Möbel, restauriert, unbearbeitet. Mo geschl.

Das Besondere

▌ **Drechslerei Martin Hoxhold,** Fritz-Reuter-Str. 38, Neustadt, Tel. 8 03 45 80. Einer der letzten von früher rund 50 Drechslern. Spezialisiert auf Füße für alte Möbel, Holzkugeln, Uhrenteile.
▌ **Inspiration,** Königstr. 3, Neustadt, Tel. 8 04 30 29. Wohn- und Lichtkultur von renommierten Designern.
▌ **blue child,** Kunsthof, Görlitzer Str. 25, Tel. 8 02 90 68. Buchkunst und Papier aus aller Welt. Auch Kalligraphie-Kurse.
▌ **Pfunds Molkerei,** Bautzner Str. 79, Neustadt, Tel. 80 80 80. »Der schönste Milchladen der Welt« lockt nicht nur mit Jugendstilambiente, sondern vor allem mit über 100 Käsesorten.
▌ **Spinnwebe,** Alaunstr. 43, Tel. 8 01 24 4 0. Handgesponnene Wolle, Leinen, Schafwollteppiche, Theaterkostüme, Schmuck, Hüte.

Bücher

▌ **Haus des Buches,** Dr.-Külz-Ring 12, Tel. 4 97 360. Das größte Buchhaus in den neuen Bundesländern.
▌ **Das internationale Buch,** Altmarkt 24, Altstadt, Tel. 65 64 60. Am Altmarkt gegenüber der Kreuzkirche. Gut bestückt mit Reiseliteratur.
▌ **BuchHaus Loschwitz,** Friedrich-Wieck-Str. 6, Loschwitz, Tel. 2 68 52 75.

Diese kostbare Arbeit ist in der Schauhalle der Porzellanmanufaktur Meißen zu sehen

▌ **Pusteblume,** Martin-Luther-Str. 23, Neustadt, Tel. 8 02 78 80. Bücher speziell für Frauen und Kinder.

Kleidung

▌ **Gabriele Häfner,** An der Dreikönigs-kirche 10, Neustadt, Tel. 8 02 42 41. Exklusive Damenmode.

Kunst / Kunstgewerbe

▌ **Galerie an der Schwebebahn,** Pill-nitzer Landstr. 1, Loschwitz, Tel. 2 64 05 05. Modernes aus Holz, Metall, Glas und Ton. Bilder, Grafiken und Collagen. Auch Lesungen, Vor-führungen und Musikabende.
▌ **Galerie Sybille Nütt,** Obergraben 10, Tel. 2 52 95 93. Dresdner Kunst des 20. Jhs.: Hier laufen auch die Fäden des Kunstquartiers Dresden zusammen. www.kunstindresden.de.
▌ **Keramik am Körnerplatz,** Friedrich-Wieck-Str. 7, Tel. 2 67 91 78. Handbemalte Keramik aus Dresdner Werkstätten, Schwarzkeramik aus Litauen, orientalische und Hedwig-Bollhagen-Keramik. Die Ladeneinrich-tung aus Sandstein und Rotbuche ist ein Kunstwerk für sich. Am Wochen-ende geöffnet; Mo geschl.
▌ **Töpferei Baumheier,** Hauptstr. 15 (Kunsthandwerkerpassagen), Neu-stadt, Tel. 8 10 71 93. Wandschmuck und Geschirr entstehen vor den Besu-chern. Mo, Di, Sa 15–19 Uhr Hob-bytöpfern. Werkstattverkauf.
▌ **Der Lindwurmladen,** Königstr. 8, Tel. 8 01 09 46, exklusiv-originell: u.a. Kunsthandwerk aus Afrika, handbe-druckte Wildseidenshirts.

Meissener Porzellan

▌ **Meissener Porzellan am Fürsten-zug,** Hotel Hilton Dresden, An der Frauenkirche 5, Tel. 8 64 29 64.
▌ **Meissener Porzellan in der Schauhalle,** Talstr. 9, 01662 Meißen, Tel. 0 35 21/46 83 32, www.meissen.de

Musik

▌ **Zentralohrgan,** Alaunstr. 17, Neu-stadt, Tel. 8 01 00 75. Musik, die es woanders nicht gibt: Hier bekommt man Ausgefallenes, egal ob Hip-Hop, Indie, Alternative, Punk, Darkwave, Industrial oder Drum 'n' Bass. Außerdem: gut sortierte Secondhand- und Ostrock-Abteilung.

Schmuck

❚ **Navajo,** Rothenburger Str. 43, Neustadt, Tel. 8 04 59 38. Goldschmied Harald Günther verkauft neben seinen eigenen Stücken Silberschmuck aus aller Welt.

Trödel

❚ **Trödelmarkt,** am Elbufer unterhalb des Sachsenplatzes (Mai–Okt. Sa 8–14 Uhr, auch jeden 3. So 10–18 Uhr, Straßenbahn 6, 13: Sachsenallee). Buntes Flohmarkt-Sammelsurium mit viel Trödel, aber auch hochwertige Antiquitäten von professionellen Händlern. Zehntausende von Besuchern schauen und stöbern.

Wein

❚ **Weinhandlung Bethe,** Böhmische Str. 1 (Ecke Alaunstr.), Neustadt, Tel. 8 04 34 18. Ältestes Dresdner Weingeschäft, die Ladeneinrichtung ist von 1921.
❚ **Schloss Wackerbarth** (Sächsisches Staats-Weingut), 01445 Radebeul, Tel. 89 55–0. Das Erlebnis-Weingut mit Verkostung und Gutsverkauf von Sekt und Qualitätsweinen aus dem Elbtal. Tgl. 10–18 Uhr.
❚ **Winzer Lutz Müller,** Kavaliershaus an Schloss Albrechtsberg im Villenort Weißer Hirsch (Ferienwohnung mit herrlichem Elbblick wird vermietet!), Bautzner Str. 126 b, Tel. 2 51 78 19. Verkostung und Verkauf der echten Dresdner Weine.

Dresden am Abend

Dresden hat in puncto Kultur, Nachtleben und Kneipen manches zu bieten. In den Straßen der äußeren Neustadt herrscht um 1 Uhr nachts ebenso viel Betrieb wie am Samstagvormittag auf dem Altmarkt. Vor 3 Uhr schließt hier kaum eine Kneipe, und auch das Netz von Diskotheken und Klubs mit Livemusik ist recht engmaschig geknüpft.

Hinzu kommt das reichhaltige Kulturangebot. Wer keine Karten für die Semperoper reserviert hat, kann sein Glück an der Abendkasse versuchen – oder einen Blick auf den Spielplan der vielen Theater, Kabaretts und Kleinkunstbühnen werfen, die selten ausgebucht sind. Im Sommer finden die »Filmnächte am Elbufer« statt (auch mit Popkonzerten), und Klassikfreunde können sich auf die stimmungsvollen Serenadenabende im Zwinger freuen (s. auch S. 26).

Kartenservice: Dresden-Werbung und Tourismus GmbH, Tel. 49 19 22 33, www.dresden-tourist.de, Tourist-Informationen Schinkelwache am Theaterplatz und Pavillon in der Prager Str. (Mo–Fr 10–18, Sa 10–16 Uhr, Schinkelwache auch So 10–16 Uhr).

Oper / Operette / Klassik

❚ **Sächsische Staatsoper,**
Theaterplatz 2, Tel. 4 91 17 40, www.semperoper.de
Richard Wagners »Ring der Nibelungen«, italienische Opern von Giacomo Puccini und Giuseppe Verdi sowie Werke von Wolfgang Amadeus Mozart und Richard Strauß stehen 2004 im Mittelpunkt des Programms unter Chefdirigent Bernhard Haitink. Außerdem Ballettaufführungen

Dresdner Nächte: Abschlussfeuerwerk der Musikfestspiele im Zwinger

sowie Liederabende und Konzerte der Staatskapelle mit Weltstars.

❚ **Kleine Szene,** Bautzner Str. 107. Off-Bühne der Staatsoper in der Neustadt; Inszenierungen von Werken zeitgenössischer Komponisten und Tanzperformances. Gut mit der Straßenbahn erreichbar (Linie 11 Richtung Bühlau). Infos und Tel. s. Sächsische Staatsoper.

❚ **Staatsoperette,** Pirnaer Landstr. 131, Tel. 2 07 99 29. Operetten-Evergreens wie »Die Fledermaus« oder »Die lustige Witwe«, aber auch moderne Musicals und Konzerte, www.staatsoperette-dresden.de.

❚ **Dresdner Philharmonie,** Kulturpalast am Altmarkt, Tel. 4 86 63 06. Konzerte des aus rund 120 Musikern bestehenden Orchesters finden regelmäßig im Kulturpalast statt. www.dresdnerphilharmonie.de.

❚ **Landesbühne Sachsen,** Meissner Landstr. 152, Radebeul, Tel. 8 95 42 14 Oper, Operette, Musical, Ballett, Konzert und Schauspiel vor Dresdens Toren. Mai–Sept. auch Openair u.a. im Zwinger und auf der Felsenbühne Rathen. www.dresden-theater.de

Theater / Kabarett

❚ **Staatsschauspiel,** Theaterstr. 2, Tel. 4 91 35 55 (Abendkasse) oder 08 00/4 91 35 00 (Karteninformation), Spielplanabfrage: Fax 4 91 35 71. Die großen Klassiker im festlichen Jugendstilsaal. www. staatsschauspiel-dresden.de

❚ **Schlosstheater** am Theaterplatz im Residenzschloss, Tel. 4 91 36 20. Seit 1999: oft avantgardistisch provokant.

❚ **Theater in der Fabrik (TIF),** Tharandter Str. 33, Tel. 4 21 45 05 (Karten 1 Stunde vor Vorstellungsbeginn). Hier lässt das Staatsschauspiel der Avantgarde freien Lauf.

❚ **Komödie,** Freiberger Str. 39 (im World Trade Center), Tel. 86 64 10. Das Erfolgsrezept dieses Privattheaters: Man nehme heitere, internationale Stücke und besetze sie mit bekannten Publikumslieblingen – schon ist das Haus voll. Weitere neue Spielstätte in der nahe gelegenen Maternistr. www.komoedie-dresden.de

❚ **Theaterkahn,** Terrassenufer an der Augustusbrücke, Tel. 4 96 94 50. Erstes sächsisches Privattheater seit

Viel Atmosphäre im Jazzclub Neue Tonne im Keller des Kulturrathauses

1989. Kabarett, Musik und Literatur, präsentiert mit Charme und Esprit. Karten Mo–Fr 11 bis 18 Uhr.

▌ **Die Herkuleskeule,** Sternplatz 1, Tel. 4 92 55 55, Spielplanabfrage: Fax 4 92 55 54. Das renommierte politisch-satirische Kabarett sollte jeder Dresden-Besucher erlebt haben. Vorverkauf: Mo–Fr 13.30–18 Uhr. www.herkuleskeule.de

▌ **Breschke & Schuch Dresdner Kabarett,** Wettiner Platz 10, Tel. 4 90 40 09, www.kabarett-breschke-schuch.de Die ehemaligen »Herkuleskeule«-Kabarettisten stehen für geistvolle, witzige Unterhaltung.

▌ **Puppentheater der Stadt Dresden,** Prager Str./Rundkino, Tel. 4 96 53 70, www.t-j-g.de

▌ **projekttheater dresden,** Louisenstr. 47, Tel. 8 10 76 11. Off-Theater in der Neustadt. Auch Tanzkurse und Workshops werden angeboten. www.projekttheater.de

▌ **Dresdner Hoftheater,** Königstr. 6, Tel. 8 02 11 03 oder 8 99 56 50, www.dresdner-hoftheater.de Königlich Vergnügliches um August den Starken in historischen Kostümen (1. Stock, Fr und Sa 19 Uhr).

Klubs / Diskotheken / Musik

▌ **Bärenzwinger,** Brühlscher Garten, Altstadt, Tel. 4 95 14 09. Die Studentenkneipe im alten Gewölbe unter der Brühlschen Terrasse ist Opfer der Fluten geworden. Info und Spendenaufruf unter www.baerenzwinger.de

▌ **Blue Note,** Görlitzer Str. 2 b, Neustadt, Tel. 8 01 42 75. Kneipe der edleren Sorte mit Livemusik (Blues, Jazz, Rock 'n' Roll). Wer Lust hat, darf selbst zum Instrument greifen. Tgl. ab 19 Uhr.

▌ **Dance Factory,** Bautzner Str. 118, Neustadt, Tel. 8 02 00 66. Groß-Disko im ehemaligen Hauptquartier der Dresdner Stasi, bis 5 Uhr geöffnet. Mit Restaurant.

▌ **Jazz Club Neue Tonne,** derzeit im Keller des Kulturrathauses, Tel. 8 02 60 17, Königstr. 15, www.jazzclub-tonne.de Größter Dresdner Jazzkeller. Galerie, Bar und Restaurant. Tgl. 17–1 Uhr.

▌ **Scheune,** Alaunstr. 36–40, Tel. 8 04 55 32. Kulturzentrum und Szenegaststätte mitten in der Neustadt. Dienstags Kino. Theater, Livemusik von Avantgarde bis Techno.

Star Club, Altbriesnitz 2 a, Tel. 4 21 03 97. Beliebter Klub mit Top-bands der Independent-Szene. Nahe Autobahnausfahrt Dresden-Altstadt.

Straße E und German Club, Werner-Hartmann-Str. 2, www.strasse-e.com und www.germanclub.de Jeden Samstag ist Partytime auf dem alten Industriegelände – ob von DJs gestaltet oder beim Live-Konzert.

Bars

Allegro Bar im Hotel Taschenberg-palais, Am Taschenberg 3, Altstadt, Tel. 4 91 27 20. American Bar in nobel-gediegenem Ambiente.

Nachtbar Klax, Leipziger Str. 131, Mickten, Tel. 8 49 06 62, www.nachtbar-klax.de. Einer der Glitzer-Treffpunkte des Dresdner Nachtlebens mit Gogo und Strip. Geöffnet bis 9 Uhr morgens.

Havana Club, Bautzner Str. 77, Tel. 8 02 42 54. Cocktails und Zigarren in edlem Ambiente.

Aqua Lounge, Louisenstr. 56, Tel. 8 10 61 16. Longdrinks und Cocktails.

Max, Louisenstr. 65, Tel. 5 63 59 96. Sehen und gesehen werden ist hier alles. Trend-Küche und Drinks.

Queens, Görlitzer Str. 3, Tel. 8 03 16 50. Schräge Kitsch-Bar im Tunten-Look, in der sich zwischen Schlager und Techno auch Heteros wohl fühlen können.

**Weitere Gay-Szene-Orte unter www.gegenpol.net

Tipp Von April bis Oktober ist immer freitags großes **Nacht-Skaten** angesagt. Freiluft-Skater treffen sich um 21 Uhr an der Halfpipe am Rathaus. www.nachtskaten-dresden.de

Unterkunft

Dresden verfügt mit mehr als 11 000 Betten über ein gutes An-gebot an Hotels der oberen und mitt-leren Preisklasse. Bei Problemen mit der Quartiersuche hilft die Dresden-Werbung und Tourismus GmbH weiter (Tel. 0351/49 19 21 00, www.dresden-tourist.de). Dort erhält man das Ver-zeichnis der Dresdner Hotels und Pen-sionen; auch Ferienwohnungen und Privatquartiere werden vermittelt.

Viele Hotels bieten Sonderpreise und Pauschalkonditionen. Preiswerter wird es auch, wenn man einige Kilo-meter außerhalb des Stadtzentrums übernachtet. Ein attraktives Pauschal-angebot sind die »Dresden Days«.

Luxuriös und groß

Hilton Dresden, An der Frauen-kirche 5, Tel. 8 64 20, Fax 8 64 27 25, www.hilton.com. Zentral zwischen Frauenkirche und Brühlscher Terrasse gelegen. Zehn Restaurants und Bars; großer Fitnessbereich. ○○○

Kempinski Hotel Taschenberg-palais, Am Taschenberg, Tel. 49 12-0, Fax 4 91 28 12, www.kempinski-dres-den.de. Edelste Dresdner Hoteladres-se; hinter der wiederhergestellten Barockfassade des Taschenberg-palais. Klimatisierte Zimmer, 25 Suiten; Wellnessbereich unterm Dach. ○○○

The Westin Bellevue, Große Meißner Str. 15, Tel. 80 50, www.westin.com/bellevue. Dresdens erstes Luxushotel mit dem schönsten Blick und Gourmetrestaurant im barocken Altbau. Im Wellnessbereich kann man mit dem Stadtpanorama vor Augen schwimmen und sich ent-spannen. ○○○

Erster Klasse:
das Hotel Bülow Residenz

Etwas ganz Besonderes

▌ **Bülow Residenz,** Rähnitzgasse 19, Tel. 8 00 30, Fax 8 00 31 00, www.buelow-residenz.de
Eleganter Barockbau im Edelviertel an der Dreikönigskirche mit Gourmetrestaurant. ○○○
▌ **Schloss Eckberg,** Bautzner Str. 134, Tel. 8 09 90, Fax 8 09 91 99, www.hotel-schloss-eckberg.de
Das neugotische Schloss wurde 1997 nach gründlicher Renovierung wiedereröffnet. Zimmer auch im Kavaliershaus. Restaurant mit Terrasse, grandioser Blick ins Elbtal. ○○○
▌ **Steigenberger Parkhotel,** Nizzastr., Radebeul, Tel. 8 32 10, Fax 8 32 14 45, www.dresden.steigenberger.de
Neubau mit modernem Kunst-Ambiente. Die Lage inmitten von Weinbergen, der eigene Park und die große Wellness-Landschaft verführen zum längeren Bleiben. ○○○

▌ **art'otel,** Ostraallee 33, Tel. 49 22-0, Fax 4 92 27 77, www.artotel.de
Neubau nahe Zwinger und Semperoper im Design von D. Santachiara mit Werken von A.R. Penck. ○○
▌ **Hotel am Terrassenufer,** Terrassenufer 12, Tel. 4 40 95 00, Fax 4 40 96 00, www.hotel-terrassenufer.de
Komfort eines First Class-Hotels in umgebautem Plattenbau an der Elbe mit wunderbarer Aussicht. Nur wenige Minuten zu den Sehenswürdigkeiten im Zentrum. ○○

Gute Mittelklasse

▌ **Elbflorenz,** Rosenstr. 36, Tel. 8 64 00, Fax 8 64 01 00, www.hotel-elbflorenz.de
Im World Trade Center nahe der Altstadt; das Haus bringt mit warmen Farben, Marmor und Terrakotta südlich-leichtes Flair in die Stadt. Bibliothek, italienisches Restaurant, grüner Innenhof mit Sonnenterrasse. ○○
▌ **Alttolkewitzer Hof,** Alttolkewitz 7, Tel. 2 51 04 31, Fax 2 52 65 04, www.alttolkewitzer-hof.de
Familiär geführt; am Elbradweg.
▌ **Hotel am Blauen Wunder,** Loschwitzer Str. 48, Tel. 33 66, Fax 3 36 62 99, www.hotel-am-blauen-wunder.de
Beste Dresdner Wohnlage nahe dem Elbradweg, hoher Zimmerkomfort. Konferenzräume. ○○
▌ **Bayerischer Hof,** Antonstr. 33–35, Tel. 82 93 70, Fax 8 01 48 60, www.bayerischer-hof-dresden.de
Sanierter Altbau mit 50 Zimmern und Suiten nahe dem Neustädter Bahnhof und dem Goldenen Reiter. Restaurant, Bierstube, kostenloser Parkplatz. ○○
▌ **ibis-Hotels Königstein/Lilienstein/ Bastei,** Prager Straße, Tel. 48 56 66 61, www.ibishotel.com, www.accorhotels.com. Die nach der Flut renovierten 2-Sterne-Superior-Zimmer haben Klimaanlage. Die Häu-

ser liegen unweit des Hauptbahnhofs in der Fußgängerzone. ⊙⊙

Prinz Eugen, Gustav-Hartmann-Str. 4, Tel. 25 59 00, Fax 2 55 90 55, www.hotelprinzeugen.de
90-Betten-Hotel im ruhigen Stadtteil Laubegast. Fahrradverleih, Terrasse, Grillplatz, Liegewiese. ⊙⊙

Etwas preiswerter

City-Herberge, Lingner Allee 3, Tel. 4 85 99 00, Fax 4 85 99 01, www.city-herberge.de
Nähe Stadtzentrum; ordentlicher Standard in Räumen des umgebauten Verwaltungsgebäudes des DDR-Kombinats Robotron. ⊙

Hotel Burgk, Burgkstr. 15, Tel. 43 25 10, Fax 43 25 14 00, www.hotel-burgk.de. Familiäres Haus mit 27 komfortablen Zimmern im Stadtteil Löbtau. Gutes Frühstücksbüfett. Abends trifft man sich an der gemütlichen Hotelbar. ⊙⊙

Hotel Martha Hospiz, Nieritzstr. 11, Tel. 8 17 60. Zentrumsnah, 44 modern ausgestattete Zimmer, teils im Biedermeierstil eingerichtet. ⊙⊙

Quintessenz, Hohenbusch Markt 1, Tel. 88 24 40, Fax 8 82 44 44, www. hotel-quintessenz.de. Am nördlichen Stadtrand (Autobahnausfahrt Flughafen) in Weixdorf. Vom Flughafen oder Bahnhof werden die Gäste mit einem Oldtimerbus abgeholt. Nichtraucher- und Behindertenzimmer, einige Zimmer mit überlangen Betten. ⊙

Hotel am Bonhoefferplatz, Bonhoefferplatz 13, Tel. 42 09 90, Restaurierte Stadtvilla im Gründerzeitviertel Löbtor. ⊙

Mezcalero, Königsbrücker Str. 64., Tel. 81 07 70, www.mezcalero.de Hostel und Hotel mit mexikanischem Flair im Szeneviertel Äußere Neustadt. ⊙

Pensionen

Gästehaus Elke Köhler, Röntgenstr. 29, Tel./Fax 4 70 73 98. Komfortable Zimmer in schöner, ruhiger Höhenlage am südlichen Stadtrand, Richtung Pirna. Direkte Busverbindung ins Zentrum. Garten. ⊙

Pension Altbriesnitz, Alte Meißner Landstr. 26, Tel. 42 39 00, Fax 42 39 019, www.altbriesnitz.de Nahe Autobahnabfahrt Dresden-Altstadt. Zimmer mit Bad oder Dusche/WC. ⊙

Günstige Alternativen

Mitwohnzentrale: HomeCompany, Rothenburger Straße 21, Tel. und Fax 1 94 45. Bundesweit bewährte Agentur für Vermittlung von Zimmern und Wohnungen auf Zeit. Privatzimmer und Ferienwohnungen vermittelt auch die Dresden-Werbung und Tourismus GmbH, s. S. 101.

Jugendgästehaus Dresden, Maternistr. 22, Tel. 49 26 20, Fax 49 262 99. Sachsens größte Jugendherberge ist mit 450 Betten ausgestattet.

Jugendherbergen: JH Rudi Arndt, Hübnerstr. 11, Tel. 4 71 06 67, Fax 4 72 89 59. Etwa 1 km südwestlich vom Hauptbahnhof, Ecke Eisenstuckstraße. Straßenbahn Nürnberger Platz (Linie 8 oder 3). Eigener Grillplatz.

Herbergsschiff Die Koje, Leipziger Straße 15, Tel. 8 40 09 81, www.diekoje.de. Umgebauter Elbdampfer ist im einstigen Hafen stationiert.

Campen: Mockritz, Boderitzer Str. 30, Tel. 4 71 52 50. Auf den Höhen im Dresdner Süden. Um die Ecke liegt das Freibad Mockritz. Mit dem Bus (Nr. 76 o. 89) ist man in 10 Minuten im Stadtzentrum. Ganzjährig geöffnet.

Reisewege und Verkehrsmittel

Anreise

Auto

Von Süden fährt man die A 9 bis zum Autobahndreieck Bayerisches Vogtland, dann die A 72 und ab Chemnitz die A 4. Von Westen nimmt man die A 4 oder ab Leipzig die A 14, auf die man von Norden über die A 9 gelangt.

Von Berlin aus führt die A 13 direkt nach Dresden (205 km); ab Düsseldorf sind es 630 km, Frankfurt/M. 470 km und München 485 km. Der Sender Antenne Sachsen (105,2 MHz) informiert über die Verkehrslage.

Flugzeug

Von Dresden-Klotzsche etwa 9 km nördlich des Stadtzentrums fährt die S-Bahn zum Hauptbahnhof und den Bahnhöfen Neustadt und Mitte.

Mit dem Auto ist der Flughafen vom Albertplatz (Neustadt) aus über die Königsbrücker Straße oder im Berufsverkehr über die Autobahn zu erreichen. Linienflüge verbinden Dresden mit zahlreichen deutschen und europäischen Städten.

Bahn

Dresden ist an das ICE- und EC/IC-Netz angeschlossen. Wegen der Hochwasserschäden ist Chemnitz nur per Bus zu erreichen.

In Dresden

Auto

Durch das Stadtzentrum verlaufen mehrere Durchgangsstraßen, die für den stark gestiegenen Verkehr nicht ausgelegt sind und daher für Verstop-

fungen sorgen. Gebührenpflichtige Parkplätze und Tiefgaragen gibt es in der Altstadt (Parkleitsystem mit Service-Nummer 4 71 51 74 abrufbar).

Öffentliche Verkehrsmittel

Am Postplatz (Zwinger), Pirnaischer Platz, Hauptbahnhof und Albertplatz stehen Verkaufskioske der Dresdner Verkehrsbetriebe. Mehrere Straßenbahnlinien verkehren die ganze Nacht. Fahrplan unter www.dvbag.de.

Mit Straßenbahn und Bus bewegt man sich gut und schnell. Die S-Bahn fährt in die Sächsische Schweiz, bis

Radebeul (Alt-Kötzschenbroda), Meissen und in die Dresdner Heide.

Die Dresden City-Card (15 €) für 48 Stunden bietet freie Fahrt mit Straßenbahn und Bus sowie freien Eintritt in die Museen der Staatlichen Kunstsammlungen. Mit der Dresden Regio-Card für 25 € kann man sich 72 Stunden in der Region bewegen.

i Filialen der **Tourist-Information** in der Prager Straße beim Hauptbahnhof und in der Schinkelwache am Theaterplatz (Zwinger), www.dresden-tourist.de.

Dampfschifffahrt

Die zentrale Anlegestelle der Raddampferflotte liegt unterhalb der Brühlschen Terrasse.

Von April bis Oktober sind Fahrten in die Sächsische Schweiz, nach Meissen (mit Weinprobe), eine »Schlösserfahrt« bis Pillnitz und Fahrten bis Decin/Tetschen sowie Sonderfahrten auch mit Musik angeboten.

i **Sächsische Dampfschifffahrt,** Hertha-Lindner-Str. 10, Tel. 86 60 90, Fax 86 60 988, www. saechsische-dampfschifffahrt.de

1

Seite
45

Die alte Pracht

****Theaterplatz → ***Zwinger
→ **Residenzschloss → **Brühl-
sche Terrasse → ***Albertinum
→ Johanneum**

Der Theaterplatz im Herzen des
alten Dresden ist der ideale Ausgangspunkt, um das historische
Zentrum von Elbflorenz zu erkunden.
Die schönsten und wichtigsten Bauwerke sind von hier aus schnell und
bequem zu Fuß zu erreichen: die
Sächsische Staatsoper (Semperoper), der Zwinger mit der Gemäldegalerie Alte Meister und der Porzellansammlung sowie das
Residenzschloss, von dessen Turm
sich ein großartiger Rundblick über
Alt-Dresden bietet. Ab 2004 ist es
durch den Einzug des Kupferstich-
kabinetts (April) und des ersten Teils
des Grünen Gewölbes, der märchen-
haften Schatzkammer Augusts des
Starken, noch attraktiver. Ein paar
Schritte weiter lädt die Brühlsche
Terrasse, von Goethe »Balkon Europas« getauft, zum Flanieren ein;
»sich zeigen und parlieren« heißt
hier die Devise schon seit fast 200
Jahren. Nur einen Steinwurf entfernt
steht die Frauenkirche, das liebste
Kind der Dresdner, deren Wiederaufbau schneller als erwartet vollendet
sein wird. Hier kann man sich nicht
nur durch eine historisch einzigartige
Baustelle führen lassen, sondern
auch etwas vom Geist der Stadt
erspüren ... Mindestens einen vollen
Tag sollte man für diesen Rundgang
einplanen. Wer auch die wichtigsten
Museen besichtigen möchte, braucht
natürlich mehr Zeit.

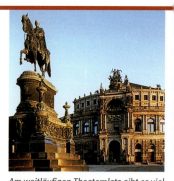

*Am weitläufigen Theaterplatz gibt es viel
zu bestaunen, hier die Semperoper*

Auf dem **Theaterplatz ❶

Prachtvolle Repräsentationsbauten so
weit das Auge reicht: Am Theaterplatz,
einem der schönsten Plätze Deutschlands, weiß man zunächst gar nicht,
wo man hinsehen soll, so überwältigt
ist man von dem Angebot an Schönheit. Wie edle Möbelstücke in einem
überdimensionalen Prunksaal wirken
die Gebäude rund um den Theaterplatz: die prachtvolle Semperoper, die
Gemäldegalerie des Zwingers, das
wieder aufgebaute Residenzschloss
mit dem Hausmannsturm, die hoch
aufragende Hofkirche und das zur
Elbe hin gelegene Restaurant »Italienisches Dörfchen«.

   Dreh- und Angelpunkt des Rund-
blicks ist das 1889 von Hofbildhauer
Johannes Schilling geschaffene **Reiterstandbild König Johanns,** der die
Sachsen von 1854 bis 1873 regierte.
Als Literaturwissenschaftler, Lyriker
und Dramatiker übersetzte der König
unter Pseudonym u. a. Dantes »Göttli-
che Komödie« ins Deutsche.

**Sächsische Staatsoper ❷
Im Rücken des reitenden Königs erhebt sich die monumentale Sächsische Staatsoper, auch Semperoper
genannt. 1841 wurde an dieser Stelle
ein dreigeschossiger Sandsteinbau

eingeweiht, den Gottfried Semper im Stil der italienischen Frührenaissance entworfen hatte. Seiner gelungenen Proportionen wegen galt er als »schönstes Theater der Welt«. Richard Wagner erlebte hier die Uraufführung seiner Opern »Rienzi«, »Der Fliegende Holländer« und »Tannhäuser«. 1869 brannte das Haus ab. König Johann übertrug Semper und seinem Sohn Manfred die Konzeption einer neuen Oper, die 1878 fertiggestellt wurde.

i Einstündige Führungen durch die Oper finden – abhängig vom Spielbetrieb – fast täglich bis gegen 15 Uhr statt. Infos: Tel. 4 91 14 96, www.semperoper-fuehrungen.de

Auf dem Dach thronte damals wie heute die von Panthern gezogene bronzene **Quadriga** mit Dionysos und Ariadne von Johannes Schilling; Goethe und Schiller (rechts), sitzende Skulpturen von Ernst Rietschel, flankieren das Hauptportal.

❶ Theaterplatz
❷ Sächsische Staatsoper
❸ Zwinger
❹ Cholerabrunnen
❺ Taschenbergpalais (Hotel)
❻ Residenzschloss
❼ Katholische Hofkirche

Noch eindrucksvoller kommen die prächtig geschmückten und dennoch vornehm-klassischen Innenräume während einer Opernaufführung zur Geltung. Im festlichen **Zuschauerraum** zu sitzen und den Blick vor Beginn der Vorstellung über die vier Ränge zum 285-flammigen Kronleuchter in der Mitte schweifen zu lassen – dieses Erlebnis ist erhebend.

Schinkelwache oder Altstädter Wache
Karten gibt es im Vorverkauf in der »Schinkelwache« auf dem Theaterplatz, wie die von Karl Friedrich Schinkel 1830–1832 im Stil des Berliner Klassizismus errichtete Altstädter Wache genannt wird. (Infos Spielplan: Tel. 4 91 17 40, Karten: Tel. 4 91 17 77). Ebenfalls im alten Wachgebäude aus Sandstein, das 1830–1832 von Joseph Thürmer errichtet wurde: die **Touristen-Information** (Mo–Fr 10–18, Sa/So 10–16 Uhr).

❽ Ständehaus
❾ Brühlsche Terrasse
❿ Albertinum
⓫ Synagoge
⓬ Festung Dresden (Kasematten)
⓭ Frauenkirche
⓮ Johanneum

1

Seite
45

***Zwinger ❸

Dresdens berühmtestes Bauwerk ist der Zwinger, ein glanzvolles Meisterstück höfischer Barockarchitektur. Es entstand zwischen 1709 und 1732 unter August dem Starken. Der Name »Zwinger« geht auf die Lage des Bauwerks innerhalb der ehemaligen Stadtbefestigung zurück – so wurde der Platz zwischen der äußeren und inneren Festungsmauer genannt.

Der Innenhof
Eine breite Treppe führt hinunter in den großzügig mit Wasserbecken und Rasenflächen ausgestatteten Innenhof. Wie aus einem Guss erscheinen die baugeschichtlich doch recht heterogenen Elemente – wohl nicht zuletzt deshalb, weil die Gesetze barocker Symmetrie auch bei den Erweiterungsbauten eingehalten wurden. Die übermütig geschwungenen und üppig verzierten Pavillons und Galerien, die den Hof umschließen, versetzen den Betrachter in die Welt höfischer Lustbarkeiten und barocker Lebensfreude. Der opulente Gesamteindruck der verspielten Gebäude und ihrer lustvollen Verzierungen ist der geglückten Zusammenarbeit des westfälischen Architekten Matthäus Daniel Pöppelmann und des bayerischen Barockbildhauers Balthasar Permoser zu verdanken.

Wallpavillon und Nymphenbad
Der lebendigste und gelungenste Teil des Zwingers ist der **Wallpavillon** im Nordwesten, dessen Obergeschoss von sinnenfrohen, lachenden Satyrhermen getragen wird. Darüber ist August der Starke selbst als Weltkugel tragender Herkules zu sehen.

Im Wallpavillon führt der Weg hinauf auf die Zwingerbalustrade, auf der man ein Stück lustwandeln kann.

Rechts versteckt sich das schattigidyllische, heiter-verspielte **Nymphenbad,** in das über eine Kaskade Wasser herabplätschert; links führt der Weg zum Kronentor, wo man vom Blick auf die Straßenbahnen des Postplatzes aus dem Barocktraum plötzlich wieder in die Gegenwart zurückgeholt wird.

***Gemäldegalerie Alte Meister
Den nordöstlichen Abschluss der Anlage bildet die von Gottfried Semper gebaute Gemäldegalerie Alte Meister. Sie ging aus der kurfürstlichen Kunstkammer des 16. Jhs. hervor, die von den Kurfürsten Friedrich August I. und II. erweitert wurde. Sie ließen aufkaufen, was edel und kostbar war – Bilder von Holbein, Rubens, Tizian, Veronese, Velázquez und Correggio. 1754 kam Raffaels »Sixtinische Madonna« aus der Klosterkirche von Piacenza nach Dresden.

Neben den Italienern des 16. und 17. Jhs. ist auch die holländische und flämische Malerei des 17. Jhs. stark vertreten (Rubens, van Eyck, Rembrandt, Vermeer). Zu den bedeutendsten Werken im Zwinger zählen die »Schlummernde Venus« von Giorgione, Rembrandts »Selbstbildnis mit Saskia«, »Bathseba am Springbrunnen« von Peter Paul Rubens sowie das

---

Das Kronentor

Das Wahrzeichen Dresdens ist das Kronentor, auf dem vier goldene Adler die polnische Königskrone tragen. August II. wurde 1697 zum polnischen König gewählt. Umstritten ist, ob nicht auch die deutsche Kaiserkrone gemeint sein könnte, auf die sich August der Starke Hoffnungen gemacht hatte.

Üppiger Figurenschmuck des Zwingers – außen ...

»Bildnis des Bernhard von Reesen« von Albrecht Dürer (Di–So 10–18 Uhr, www.skd-dresden.de).

*Rüstkammer

Prunkharnische, Jagd- und Turnierwaffen sowie originale Gewänder aus privaten Kunstsammlungen sächsischer Herrscher werden in der Rüstkammer des Semperbaus gezeigt (Di–So 10–18 Uhr).

*Mathematisch-Physikalischer Salon

Er befindet sich seit 1728 im Zwinger, seit 1746 im Südwestpavillon. Seine Erdgloben, astronomischen Instrumente und Rechenmaschinen sowie die umfangreiche historische Uhrensammlung sind technisch ausgefeilt und von hohem künstlerischem Wert. Das älteste Stück ist ein arabischer Himmelsglobus von 1279 (tgl. außer Do 10–18 Uhr).

**Porzellansammlung

Im südwestlichen Eckpavillon und in der Bogengalerie ist die Porzellansammlung Augusts des Starken untergebracht, die einst im Japanischen Palais (s. S. 61) angelegt wurde. Sie gehört neben der Sammlung des Topkapi Seray in Istanbul und der im Kaiserpalast von Peking zu den größten der Welt. Uhr). Sie vereinigt wertvolle Porzellane aus China und Japan des

... und innen, im Porzellanmuseum

15. bis 18. Jhs. mit den frühesten Stücken europäischen Porzellans aus Meißen in eindrucksvoller Präsentation (Di–So 10–18 Uhr): www.staatl-kunstsammlungen-dresden.de

Tipp **Porzellanglockenspiel:** Außer im Winter erklingt das Meißner Porzellanglockenspiel im Zwinger täglich mit einem Musikstück um 10.15, 14.15, 18.15 und 22.15 Uhr.

Cholerabrunnen ❹ und *Taschenbergpalais ❺

Auf der gegenüberliegenden Straßenseite fällt der im Jahr 1843 nach einem Entwurf von Gottfried Semper errichtete **Cholerabrunnen** ins Auge. Hauptmann Eugen von Gutschmid stiftete den Brunnen aus Dankbarkeit dafür, dass seine Vaterstadt Dresden von der Choleraepidemie 1840/41 verschont geblieben war. Wie eine Kirchturmspitze ragt der 18 m hohe neugotische Sandsteinbrunnen mit seinen 40 Wasserspeiern empor.

Hinter dem Cholerabrunnen mit dem Respekt einflößenden Hauptportal und der reich geschmückten Fassa-

1

Seite 45

Der Wiederaufbau des Residenzschlosses soll bis 2006 abgeschlossen sein

de steht das ***Taschenbergpalais,** ein Glanzstück des neuen Dresden, in dem das Hotel Kempinski untergebracht ist. Außen wurde es originalgetreu wiederhergestellt, im Inneren wurde der Bau mit modernstem Komfort ausgestattet. August der Starke hatte das Taschenbergpalais 1707 bis 1711 für seine Mätresse, die Gräfin Cosel, bauen lassen.

**Residenzschloss ➏

Durch einen überdachten Gang ist das Taschenbergpalais mit dem königlich-sächsischen Residenzschloss verbunden. Im 16. Jh. ließ Herzog Georg der Bärtige den Komplex zu einem der prachtvollsten Renaissanceschlösser Deutschlands erweitern. Nach dem großen Brand von 1701 gestaltete man die Fest- und Audienzsäle im barocken Stil. Bei seinem letzten Umbau (1889 bis 1901) bekam das Residenzschloss ein einheitliches Aussehen im Stil der Neorenaissance. Bei den Bombenangriffen im Februar 1945 brannte das Schloss völlig aus. Der Wiederaufbau

soll 2006 zur 800-Jahr-Feier weitgehend abgeschlossen sein.

Westflügel

Fertig gestellt ist der Westflügel zur Sophienstraße hin mit seinen drei Neorenaissancegiebeln und den beiden seitlichen Ecktürmen, an deren Fassade vier muskulöse Herkulesfiguren den Balkon tragen.

Der Hausmannsturm

An einem schmalen Weg zwischen Westflügel des Schlosses und Hofkirche in Richtung Haupteingang steht der 101 m hohe Turm, von dem man eine wunderschöne Rundsicht auf die Dresdner Altstadt genießt. Jahrzehntelang nur ein steinerner Stumpf, erhielt der Turm 1991 seine schlanke Barockhaube zurück. Seither ist er wieder Teil der berühmten Silhouette der Elbmetropole (April bis Okt. Di–So 10–18 Uhr).

***Grünes Gewölbe

Ab September 2004 werden die Schätze des Grünen Gewölbes im ersten Stockwerk in moderner Form präsentiert. Ende 2005 sollen dann auch die grün gestrichenen gewölbten Originalräume wie zu Augusts Zeiten zur Augenlust einladen.

Das Grüne Gewölbe hat seinen Namen aus dem Residenzschloss mitgenommen: Zunächst wurde nur die grün ausgemalte und gewölbte Schatzkammer so genannt, in der die Schmucksammlung ab 1729 zu besichtigen war. Seit sie in den Wirren des Zweiten Weltkriegs auf Wanderschaft gehen musste, wird der Name »Grünes Gewölbe« auch für die Ausstellungsstücke selbst verwendet, bis sie an ihren alten Platz im Schloss zurückkehren werden.

Das wohl kostbarste Stück unter den einzigartigen Exponaten ist die Phantasieszene »Hofstaat von Delhi am Geburtstag des Großmoguls Aureng Zeb«, zu der 137 goldene, bunt emaillierte Figuren gehören, die mit 5000 Diamanten, Rubinen, Perlen und Smaragden besetzt sind. Geschaffen wurde es in der Werkstatt des kursächsischen Hofjuweliers Johann Melchior Dinglinger, der auch das edelsteinverzierte »Goldene Kaffeezeug« für August den Starken fertigte.

Des Kurfürsten Lieblingsstück war das »Bad der Diana«, eine in den Halbedelstein Chalzedon geschnittene mythologische Szene. Ein Weltwunder im miniature ist der mit einer Lupe zu betrachtende Kirschkern mit mehr als 180 geschnitzten Gesichtern.

Im 3. Obergeschoss wird im April 2005 das Kupferstichkabinett eröffnet. Nach der Eröffnungsausstellung mit dem Thema »Weltsichten – von Dürer bis Picasso« werden Rembrandt-Zeichnungen gezeigt (6. 8.–3. 10. 2005) www.skd-dresden.de

Georgenbau und Stallhof

Der Ostflügel wird als letztes wieder aufgebaut. Noch kann man durch die Ruinen von der Schlossstraße aus die wieder hergestellten Sgraffito-Malereien des 16. Jhs. sehen. Nördlich schließt sich der prunkvolle **Georgenbau** an mit seinem mehrstufigen, reich verzierten Giebel und dem Georgentor, das um 1900 im Neorenaissancestil errichtet wurde. Hier sind Wechselausstellungen aus Beständen der Staatlichen Kunstsammlungen zu sehen (Di–So 10 bis 18 Uhr). Auch der Eingang zum Hausmannsturm ist hier.

Vom Hofeingang des Georgenbaus kann man einen Blick in den beschaulichen **Stallhof** werfen, in dem bis ins 18. Jh. höfische Ritterspiele und die beliebten Hetzjagden auf Tiere veranstaltet wurden. Begrenzt wird der Hof durch den 100 m messenden »Langen Gang«, der das Schloss mit dem Johanneum verbindet. 22 stilvolle Rundbogenarkaden, die von schlichten toskanischen Säulen getragen werden, bilden sein Untergeschoss.

*Katholische Hofkirche ❼

Verlässt man das Schloss wieder durch das Georgentor, gelangt man zur ehemaligen **Katholischen Hofkirche,** die seit 1980 Kathedrale des Bistums Dresden-Meissen ist. August der Starke erfüllte alle Voraussetzungen, um König von Polen zu werden, nur eine nicht: Er besaß den falschen Glauben. Machthungrig wie er war, ließ er Luther Luther sein und konvertierte 1697 zum Katholizismus. Als sich der Bau eines katholischen Gotteshauses nicht länger verzögern ließ, erteilte Augusts Sohn und Nachfolger Friedrich August II. dem italienischen Architekten Gaetano Chiaveri den Bauauftrag. Dieser legte 1739 den

1

Seite 45

49

Grundstein für die dreischiffige Sandsteinbasilika, geriet jedoch einige Jahre später in Streit mit der sächsischen Bauverwaltung und verließ Dresden im Zorn. Seine Hofkirche, bis heute Sachsens größtes Gotteshaus, wurde von deutschen Baumeistern fertig gestellt und 1751 eingeweiht.

Charakteristisch für die Kathedrale sind der weithin sichtbare filigrane Turm und die Balustrade mit ihren 78 überlebensgroßen Heiligenstatuen. Sieht man sie von unten, würde man nicht vermuten, dass die Figuren mehr als 3 m hoch sind!

Das Kircheninnere

Im Inneren besticht die **Rokokokanzel** des Zwinger-Bildhauers Balthasar Permoser. In dem ansonsten schlichten Innenraum kommen die vom einfallenden Licht angestrahlten, durch Säulen abgesetzten Bögen des Mittelschiffs besonders gut zur Geltung.

Für den **Prozessionsumgang** zwischen Hauptschiff und Seitenschiffen gibt es einen praktischen Grund: Prozessionen außerhalb der Kirche wurden im protestantischen Sachsen nicht geduldet. Für diese Einschränkung wurden die Katholiken mit Kirchenmusik entschädigt: Die **Silbermann-Orgel** mit 3000 Orgelpfeifen wurde 1944 ausgelagert und so vor der Zerstörung bewahrt. Bis Herbst 2002 wurde sie komplett restauriert.

Grufträume

Unter der Kirche liegen mehrere Grufträume, in denen die wettinischen Herrscher und ihre Angehörigen in Sarkophagen beigesetzt wurden. August der Starke freilich ruht nicht hier, sondern neben den polnischen Königen im Dom zu Krakau. Nur sein in immer neuen Liebesaffären entflammtes Herz wird in einer kupfernen Kapsel unter der Hofkirche aufbewahrt.

Jedes Mal, wenn eine schöne Frau vorbeigehe, so heißt es, beginne es wieder zu schlagen. (Im Rahmen von Führungen zugänglich. Info 4 84 47-12).

Ständehaus ❽

Neben dem Aufgang zur Brühlschen Terrasse steht das düster-monumentale Ständehaus. Wo sich ab 1907 der sächsische Landtag versammelte, nach 1990 das Landesamt für Denkmalpflege, befindet sich heute das Sächsische Landesgericht.

Paul Wallot, der Architekt des Berliner Reichstags und Professor an der Dresdner Kunstakademie, errichtete das Neorenaissancegebäude 1901 bis 1907 an der Stelle, wo zuvor das Palais des Grafen Brühl gestanden hatte.

**Brühlsche Terrasse ❾

So umstritten er als Premierminister auch war, so berühmt wurde die nach ihm benannte Promenade. Zur Brühlschen Terrasse gelangt man vom Schlossplatz über eine Freitreppe, die von den vier Tageszeiten, bronzenen Figurengruppen von Johannes Schilling, eingerahmt wird: Wohl selten sieht man den Morgen (oben links), den Mittag (oben rechts), den Abend (unten links) und die Nacht (unten rechts) so einträchtig beieinander. Der Blick schweift über das Elbetal.

Goethe nannte die Brühlsche Terrasse den »Balkon Europas«, pflegte sich hier doch einst die gute Gesellschaft mit ihren internationalen Gästen zu ergehen. Auf der beliebten, von Baumreihen gesäumten Promenade flaniert man auch heute noch. Maler stellen ihre Bilder aus, Straßenmusikanten spielen auf und Aktionskünstler verblüffen die Spaziergänger mit amüsanten Verwandlungsstücken. Von hier aus genießt man den Blick auf die Elbe mit der Dampferanlegestelle und hinüber in die Neustadt mit dem schwarzen Turm der Dreikönigskirche, dem sächsischen Finanzministerium und – mit rotem Dach und goldener Krone – der Staatskanzlei.

Auf der Terrasse lädt das Café **Vis-à-vis** in den Räumen der Sekundogenitur, dem Palais des zweitgeborenen Prinzen, zu Kaffee und Kuchen oder einem Bier ein. Dahinter versteckt, von unten aus zugänglich, das **Café Antik**. Hier kann man seinen Stuhl oder Tisch gleich kaufen. ○○

1

Seite 45

Brühlscher Luxus

Seine Karriere war atemberaubend: 1727 machte August der Starke Heinrich von Brühl, den mittellosen Spross seines lebenslustigen Weißenfelser Schlossverwalters, zum Kammerjunker.

Zuständig für Amüsement und Lustbarkeiten aller Art, schöpfte Brühl mit seiner immensen Kreativität aus dem Vollen. Im Juni 1730, beim »Zeithainer Lager«, ließ er eine 46 m hohe und 113 m breite Wand aus bemaltem Stoff aufspannen, die einen riesigen Palast vortäuschen sollte, bewirtete 30 000 Gäste und brannte das größte Feuerwerk ab, das Sachsen je gesehen hatte – Geld spielte keine Rolle. August war begeistert.

Sein träger Sohn und Nachfolger Friedrich August II., der durch Brühls diplomatisches Geschick wie sein Vater König von Polen wurde, ernannte den fleißigen, cleveren Emporkömmling 1738 zum Außenminister. Er übertrug ihm vertrauensvoll die »Chatouillengelder«, die Geheimausgaben des Landesherrn, für die er keine Belege brauchte – eine Blankovollmacht. Die glänzende, aber auch verhängnisvolle »Ära Brühl« begann. Kunstwerke wurden heran-

geschafft, darunter Tizians »Zinsgroschen« und Raffaels »Sixtinische Madonna«, glanzvolle Opern aufgeführt und Feste gefeiert. Nur das Militär wurde kurz gehalten, was sich im Krieg gegen Preußen bitter rächen sollte.

Der beeindruckte Kurfürst schenkte seinem ergebenen Minister den elbseitigen Teil der alten Festungsanlagen, die spätere Brühlsche Terrasse. Ganz vorn, Ecke Augustusstraße, ließ der Graf sein Palais Brühl errichten. Eine Säulenhalle führte in die Bibliothek, wo der literarisch gebildete Schöngeist seine 62 000 Bücher untergebracht hatte. Für seine private Gemäldesammlung ließ er die Brühlsche Galerie bauen, die Ende des 19. Jhs. der Kunstakademie weichen musste. Auch ein französischer Garten gehörte zu den »Brühlschen Herrlichkeiten«.

Die Staatsschulden wuchsen und wuchsen, ganze Städte lagen nach dem Krieg gegen Preußen in Schutt und Asche. Dem Schuldigen an der Misere – Brühl – sollte der Prozess gemacht werden. Der aber schlug seinen Widersachern ein letztes Mal ein Schnippchen: Im Oktober 1763 segnete er das Zeitliche ...

Ganz nahebei steht das von Johannes Schilling an der Stelle seines einstigen Ateliers geschaffene **Rietschel-Denkmal** von 1872, das an den Dresdner Bildhauer und Kunstprofessor Ernst Rietschel erinnert. Rietschel verlieh seinen Figuren realistische Züge. Unübersehbar ist die 1990 aufgestellte **Sieben-Bastionen-Plastik,** eine Weltkugel aus Bronze. Sie verweist auf den Erlass Augusts des Starken, die sieben Bastionen der Stadtbefestigung nach den damals bekannten Planeten zu benennen (zu denen August auch Sonne und Mond rechnete). Sie steht aber auch für die durch Kriege bedrohte Welt. An der Treppe zum Georg-Treu-Platz steht das Denkmal für Gottfried Semper, ebenfalls von Schilling.

Das Gelände der Brühlschen Terrasse gehörte einst zur Stadtbefestigung. Nachdem diese im 18. Jh. ihre militärische Bedeutung eingebüßt hatte, verschenkte der Kurfürst einen Teil der Anlage an den Grafen Heinrich von Brühl. Auf den Bastionen ließ der kreative von Brühl einen barocken Lustgarten zum Flanieren anlegen und prunkvolle Gebäude errichten, von denen leider kein einziges erhalten geblieben ist.

Kunstakademie

In Dresden existiert seit 1764 eine Kunstakademie mit gutem Ruf. Ende des 19. Jhs. bezog sie ihr Gebäude mit der Aufsehen erregenden Glaskuppel auf dem Dach, die von den Dresdnern wegen ihrer gerillten Form respektlos »Zitronenpresse« genannt wird.

Die »Hochschule für Bildende Künste« hat hier ihr Domizil. Es wird zusammen mit dem angrenzenden Ausstellungsgebäude des Sächsischen Kunstvereins einer Generalsa-

Das Albertinum beherbergt bedeutende Schätze

nierung unterzogen. Frisch vergoldet sind die beiden Engel auf dem Dach und das sächsische Staatswappen über dem Eingang. Die griechische Siegesgöttin Nike krönt auch wieder das Dach der »Zitronenpresse«.

***Albertinum ⑩

Jetzt sind es nur noch ein paar Schritte zum Albertinum, in dem derzeit die Gemäldegalerie Neue Meister und die Skulpturensammlung untergebracht sind. Bis 31. Dezember 2003 fand hier auch das Grüne Gewölbe sein vorübergehendes Nachkriegsdomizil. Das 1884 von König Albert in Auftrtag gegebene Gebäude ging aus dem Dresdner Zeughaus hervor (16. Jh.), von dem jedoch nur die Kellergewölbe, die durch toskanische Säulen geteilte Halle im Erdgeschoss und die beiden Westportale bis heute erhalten geblieben sind. (Alle Museen Mo bis Mi, Fr–So 10–18 Uhr; für alle Staatlichen Kunstsammlungen ist ein ermäßigter Tagespass erhältlich).

***Gemäldegalerie Neue Meister

Das 2. Obergeschoss nimmt die Gemäldegalerie Neue Meister mit bedeutenden Werken des 19. und 20. Jhs. ein. Hier hängen Bilder Caspar David Friedrichs, im Albertinum u. a. »Das Kreuz im Gebirge«, »Zwei Männer in Betrachtung des Mondes« und das »Hünengrab im Schnee«. Auch Werke der »Brücke«-Maler Karl Schmidt-Rottluff (»Nach dem Bade«), Ernst Ludwig Kirchner und Emil Nolde (»Segler im Gelben Meer«) sind vertreten. Die neu gestaltete Abteilung der deutschen Nachkriegsmalerei aus West und Ost zeigt moderne Klassiker wie Georg Baselitz, Wolfgang Mattheuer, Willy Wolff und Raimund Girke.

Skulpturensammlung

Die Sammlung, aus deren Bestand sich einzelne neuere Stücke auch bei den Gemälden der Neuen Meister finden, geht noch auf August den Starken zurück. Zu sehen sind im Säulensaal des Untergeschosses knapp 500 griechische, römische und etruskische Skulpturen und Statuetten vom 11. Jh. vor bis zum 4. Jh. nach Chr.

Brühlscher Garten

Nach dem Besichtigungsmarathon im Albertinum kann man im Brühlschen Garten gegenüber mit seinen Schatten spendenden Linden und einladenden Bänken eine Ruhepause einlegen. Der Blick fällt dabei auf den restaurierten **Delphinbrunnen** aus Brühls Zeiten. Eine moderne Metallplastik erinnert an Caspar David Friedrich.

Einige Stufen führen hinunter zur **Böttger-Stele.** August der Starke ließ Johann Friedrich Böttger gewaltsam nach Dresden bringen: »Hier in den Gewölben der alten Dresdener Festung erfand Böttger 1708 das Porzel-

lan europäischer Art«, so die Gedenktafel. Die Forschung geht heute davon aus, dass die Herstellung des Hartporzellans Böttger nur durch die Zusammenarbeit mit dem Naturwissenschaftler Ehrenfried Walther von Tschirnhaus gelang.

Unterhalb des Gartens steht an der Terrassenmauer das älteste Denkmal der Stadt, das **Moritzmonument** von 1555. Das Denkmal zeigt den sterbenden Kurfürsten Moritz, der seinem Bruder August das Kurschwert übergibt. August ehrte damit den Tod seines Bruders in der Schlacht gegen die Truppen Markgraf Albrechts von Brandenburg-Kulmbach. Östlich des Brühlschen Gartens wurde die in der Pogromnacht 1938 zerstörte Synagoge neu errichtet.

Synagoge ⓫

Der 2001 eingeweihte Bau besteht aus zwei würfelförmigen Teilen. Der größere ist in sich in Ost-West-Richtung gedreht und beherbergt die eigentliche Synagoge. Der kleinere Baukörper ist das Gemeinde- und Begegnungszentrum.

Gottfried-Semper-Denkmal

Das Denkmal steht zwischen Albertinum und Kunstakademie. Der Architekt, der im 19. Jh. das Dresdner Stadtbild maßgeblich mitgeprägt hat, wird in dynamischer Pose dargestellt. Er hält eine Bauzeichnung in der Hand. Von ihm stammte auch die 1938 von den Nationalsozialisten zerstörte alte Synagoge (1840). Weil er sich am Maiaufstand 1849 beteiligt hatte, wurde Semper steckbrieflich gesucht und musste ins Ausland fliehen; erst Jahre später wurde er begnadigt und rehabilitiert.

1

Seite **45**

*Festung Dresden ⑫

Am Semper-Denkmal führen Stufen zum Eingang in die Kasematten, das unterirdische Areal der Brühlschen Terrasse. Die Überreste der Festung wurden freigelegt. Die Gänge, Höhlen und Tonnengewölbe entstanden, als 1589 bis 1592 die Bastion der Festung erweitert und das **Ziegeltor** überbaut wurde. Über Jahrhunderte wurde das Areal in voller Größe konserviert. Zugänglich sind auch die Festungsgänge mit ihren Schießscharten. Zwei **Kanonenhöfe** wurden freigelegt, ummauerte Grabanlagen, Brückenfundamente und die Reste einer Gießerei für Glocken und Kanonen mit einem **Bronzeschmelzofen** aus dem 17. Jh.

Bei den Führungen durch die »Dresdner Unterwelt« wird sächsische Militärgeschichte lebendig. Man sollte auch im Sommer einen warmen Pulli mitnehmen. (Mo–So 10–17 Uhr, im Winter bis 16 Uhr: Tel. 4914-786, www.schloesser-dresden.de.

**Frauenkirche ⑬

Vom Georg-Treu-Platz sieht man die Baustelle der Frauenkirche (1743) auf dem Neumarkt. Die Kirche mit ihrer mächtigen Kuppel galt als Symbol des Selbstbewusstseins der Dresdner Bürger gegen weltliche und geistliche Machtträger. Der rekonstruierte Bau wird das Stadtpanorama bereichern.

Die 95 m hohe **Kuppel** der Frauenkirche – architektonisch eine tollkühne Konstruktion – war lange das Wahrzeichen Dresdens. Im Siebenjährigen Krieg gegen die Preußen hielt sie einer dreitägigen Beschießung stand. Von 1938 bis 1942 wurde die »steinerne Glocke« gründlich saniert und es schien zunächst, dass sie auch das Inferno vom 13. Februar 1945 überstan-

den hatte; sie fiel dann aber tags darauf ausgeglüht in sich zusammen.

Die von Gestrüpp überwucherte schwarze Ruine galt als Mahnmal für die sinnlose Zerstörung der Stadt. 1993/94 wurde die Ruine Stück für Stück enttrümmert, wobei auch das Grabmal George Bährs zum Vorschein kam. Der Wiederaufbau ist bald abgeschlossen (s. S. 22). Führungen in der Unterkirche tgl. 10–16 Uhr alle Stunde.

Neben der Frauenkirche ist das zerstörte barocke **Coselpalais** wiedererstanden (mit Gaststätten, s. S. 32). Der Neumarkt um die Frauenkirche wird bis Ende 2005 noch Großbaustelle sein. Hier entsteht Dresdens Altstadt neu: mit barocken Fassaden, aber auch mit modernen, darunter eine Tiefgarage.

In der Münzgasse findet man zahlreiche Lokale aller Couleur. Gourmettipp ist in der ersten Etage des Hilton Hotels das
▌**Rossini,** An der Frauenkirche 5, Tel. 8 64 28 55, mehrmals preisgekrönter Gourmet-Italiener. Vom Nobelrestaurant genießt man einen wunderbaren Blick auf die gegenüberliegende Frauenkirche. ○○○
▌**Pulverturm,** An der Frauenkirche 12a, Tel. 26 26 00. Unter dem Coselpalais führt das Erlebnislokal mit rustikaler sächsischer Küche in die Zeit des Barock. ○○○

Johanneum ⑭

Verkehrsmuseum

Das Johanneum war ursprünglich der kurfürstliche Pferdestall. Seit 1956 ist hier das Verkehrsmuseum untergebracht. Attraktionen sind die 1861 in Chemnitz gebaute Dampflokomotive »Muldenthal«, der älteste erhaltene

Der über 100 Meter lange »Fürstenzug« am Langen Gang des Stallhofs

Straßenbahnwagen Deutschlands und die Oldtimersammlung.

Ende des 16. Jhs. im Renaissancestil errichtet, wurde das Johanneum mehrmals umgebaut. 1729 bekam es die doppelläufige Freitreppe, und von 1725 bis 1855 beherbergte es die kurfürstliche Gemäldegalerie. König Johann ließ das Gebäude zum Historischen Museum umbauen; seitdem ist es das Johanneum (Di–So 10–17 Uhr).

An der westlichen Schmalseite ist die **Schöne Pforte** zu bewundern, ein Renaissanceportal aus Sandstein. Es wurde 1555 für die Schlosskapelle geschaffen und soll seinen angestammten Platz zurückerhalten.

Türkenbrunnen

Der Türkenbrunnen vor dem Johanneum hieß »Friedensbrunnen« und hatte die Göttin Eirene als Zier. 1683 wurde er zur Erinnerung an die Verdienste Kurfürst Johann Georgs III. bei der Befreiung Wiens von den türkischen Belagerern mit der Siegesgöttin Victoria bekrönt und umbenannt.

*Fürstenzug

Am Langen Gang des Stallhofs ist außen der Fürstenzug zu bewundern, eine Herrscherparade des Hauses Wettin auf fast 1000 m² Meißener Porzellan (Abb. s.o.). 1872–1876 hatte der

Maler Wilhelm Walther das Riesenbild in Sgraffitotechnik auf die Mauer gemalt. Um 1900 zeigten sich Risse; man übertrug das Bild originalgetreu auf fast 25 000 Meißener Fliesen und setzte sie fugenlos in Zementmörtel ein – so entstand das größte Porzellanbild der Welt.

Umgeben vom Fußvolk der Bannerträger und Leibwächter sind 35 Markgrafen, Herzöge und Könige der Wettiner hoch zu Ross abgebildet – von Konrad dem Großen und Georg dem Bärtigen bis zum letzten Sachsen-König Friedrich August III., der 1918 mit den Worten abdankte: »Dann macht doch euern Dreck alleene!«

Der Maler mag diese Entwicklung der Dinge geahnt haben, denn auf seinem Bild marschieren hinter den letzten reitenden Herrschern schon die selbstbewussten Bürger: Studenten und Professoren, der Bildhauer Johannes Schilling, der Maler Ludwig Richter, ein heute vergessener Geheimrat und – der Schöpfer Wilhelm Walther selbst. Das Porzellanbild blieb 1945 vollständig erhalten, während ringsum alles in Schutt und Asche sank.

🍴 Zurück am Schlossplatz kann man sich auf der Elbterrasse des **Italienischen Dörfchens** zu Kaffee und Kuchen niederlassen. ○○

Barockidylle jenseits der Elbe

2

Seite 62

*Augustusbrücke → *Goldener Reiter → *Hauptstraße → Albertplatz → Königstraße → Japanisches Palais

Am goldglänzenden Reiterdenkmal Augusts des Starken beginnt die Hauptstraße, Dresdens schönster Bummelboulevard mit Läden und kleinen Cafés, alten Bürgerhäusern und Ruhebänken unter schattigen Platanen. Die schmalen Seitengassen zwischen Goldenem Reiter und Albertplatz warten darauf, erkundet zu werden. Hier locken feine Restaurants, gemütliche Kneipen und schicke Läden in neu herausgeputzten Barockhäusern. Die frisch sanierte Vorzeigemeile Königstraße ist auf dem besten Weg, der ehrwürdigen Hauptstraße den Rang abzulaufen.

Etwa drei Stunden Zeit sollte man sich für diesen Rundgang gönnen.

Von der *Augustusbrücke zum Jägerhof

*Augustusbrücke ⑮

Den Auftakt dieses Weges bildet die sandsteinerne Augustusbrücke, die die Altstadt mit der Neustadt verbindet. Mit ihren damals 23 Bogen war sie im Mittelalter die längste Gewölbebrücke Europas. Für den stark gestiegenen Straßenbahn- und Pferdeeisenbahn-Verkehr baute man Anfang des 20. Jhs. eine neue Bogenbrücke, ebenfalls aus Sandstein. Kurz vor dem Ende des Zweiten Weltkriegs wurde sie gesprengt, aber schon 1949 rollte der Verkehr wieder.

Zur Brückensicherung wurde 1755 das **Blockhaus ⑯** gebaut, auch bekannt unter dem Namen »Neustädter Wache«. Das Blockhaus dient der Sächsischen Staatsregierung als Fest- und Konferenzhalle.

*Goldener Reiter ⑰

Nach dem gedämpften Licht in der Unterführung ist man förmlich geblendet: Leuchtend, überlebensgroß, im römischen Schuppenpanzer und mit wehendem Haarschopf, reitet August der Starke ein sich aufbäumendes Pferd. Der »Kunst-Kanonenschmied« Ludwig Wiedemann trieb das Denkmal nach einem Modell des Hofbildhauers Jean Joseph Vinache in Kupfer, dann wurde es feuervergoldet. Seit 1736 steht es an seinem Platz, mit zwei Unterbrechungen: 1944 wurde das Denkmal in Sicherheit gebracht und wieder 2002 umfassend restauriert.

Jägerhof ⑱

Um 1600 schuf sich Kurfürst August hier ein Quartier für die Jagd in der Dresdner Heide. Natürlich wurden auch weidmännische Waffen und Geräte gelagert, Tiere gehalten und

Neustadt

Ein Fußgängertunnel führt hinüber zum Neustädter Markt. Hier beginnt die Neustadt, die im Mittelalter noch Altendresden hieß. Nach dem Stadtbrand von 1685 wurde daraus eine planmäßig angelegte Barocksiedlung – eben die »neue Stadt«. In der äußeren Neustadt tummelt sich jetzt eine kunterbunte Szene.

üppige Gelage gefeiert. Heute ist der Jägerhof einer der wenigen erhaltenen Renaissancebauten in Dresden.

Seit 1913 residiert im Jägerhof das **Museum für Sächsische Volkskunst,** in dem bunt bemalte Schränke und Truhen, Kupfer- und Zinngeschirr, Trachten aus der Oberlausitz sowie erzgebirgische Schnitzereien zu sehen sind. Das Museum vermittelt einen lebendigen Eindruck von der vorindustriellen Lebensweise in Sachsen. An den Gründer des Museums, Professor Oskar Seyffert, erinnert die Inschrift in einer Holzbank (Di–So 10–18 Uhr).

*Hauptstraße und Umgebung

In der Mitte der ***Hauptstraße** verläuft eine Promenade mit einladenden Bänken, gesäumt von Schatten spendenden Platanen. Viele neue Geschäfte und traditionsreiche Händler machen die Straße auch für den entspannten Einkaufsbummel immer interessanter.

Kügelgen-Haus ⑲
Die gelbe Nr. 13 ist nach dem Maler Gerhard von Kügelgen benannt. Alles, was in der sächsischen Romantik Rang und Namen besaß, traf sich in seinem gastfreundlichen Haus: die Malerfreunde Caspar David Friedrich und Georg Friedrich Kersting, der malende Arzt und Naturphilosoph Carl Gustav Carus und der junge Dichter Theodor Körner, Sohn des Dresdner Juristen, Literaten und Mäzens Christian Gottfried Körner. Auch Goethe und Heinrich von Kleist schauten auf einen Plausch bei Kügelgen herein. Das **Museum zur Dresdner Frühromantik** im 2. Obergeschoss zeigt Exponate aus dem Biedermeier wie auch Wohnraum und Atelier Gerhard von Kügelgens (Mi–So 10 bis 18 Uhr).

Im Kügelgenhaus trafen sich früher Poeten und Maler

Unten finden Genießer in den neu gestalteten Kunsthandwerkerpassagen ein Restaurant und einen Bierkeller. Nebenan kann man einem Töpfermeister bei der Arbeit zuschauen, eine Tür weiter Antiquitäten und Kunsthandwerk kaufen.

Societaetstheater ⑳
Biegt man vor der Dreikönigskirche links ab und tritt gleich in den nächsten Hof, steht man vor dem im Februar 1999 wiedereröffneten Societaetstheater, einem Kleinod der Dresdner Kulturszene, dessen Besuch man sich nicht entgehen lassen sollte.

1779 war es das erste bürgerliche Theater der Stadt und später lange geschlossen. Heute unterhält es zwei Bühnen, auf denen nicht nur moderne Stücke gespielt werden, sondern auch Konzerte und Lesungen stattfinden. (An der Dreikönigskirche 1a, Eingang im Hof, Tel. 8 03 68 10, Fax 8 03 68 12, www.societaetstheater.de; Kartenvorverkauf tgl. 11 bis 15 Uhr).

Kurfürst August

365 Kinder soll der Mann mit seinen ungezählten Mätressen gezeugt haben. So jedenfalls weiß es die Legende, die sich in Sachsen um den Kurfürsten Friedrich August I. – August den Starken – rankt. Als zweitgeborener Prinz hatte er viel Zeit zu reisen: Bei Aufenthalten in Venedig, Paris und Madrid erwarb er sich Bildung, Kunstverstand und Weltläufigkeit. Nach dem plötzlichen Tod seines älteren Bruders gelangte er 1694 mit 24 Jahren überraschend auf den Thron des Landesherrn.

August war mit seinen 1,76 m für die damalige Zeit ein Riese, dem dazu noch ungewöhnliche Körperkräfte nachgesagt wurden. Angeblich konnte er Hufeisen verbiegen und grimmige Bären bändigen. Er liebte es aufwändig und extravagant: Prunk und Pracht, Jagd und Ritterspiele, Gelage und Feuerwerke waren an seinem Hof an der Tagesordnung. Seine Gemäldesammlung suchte ihresgleichen in Europa. Obwohl er seit 1693 mit Christiane Eberhardine von Brandenburg-Bayreuth verheiratet war, warf er gern begehrliche Blicke auch auf andere Schönheiten.

Da war zum Beispiel die junge, schöne Schwedin Aurora von Königsmarck, die nach Dresden gekommen war, um ihren verschwundenen Bruder zu suchen – und August den Starken fand. Mit üppigen, teuren Schmuckgeschenken gewann der Kurfürst sie als seine erste offizielle Mätresse. Dann sollte sie auch Äbtissin des Stifts Quedlinburg werden, doch passte es nicht ins Bild, dass sie plötzlich schwanger wurde …

Nach einer leidenschaftlichen Liaison mit der polnischen Fürstin Lubomirska erschien des Monarchen berühmteste Mätresse auf der Bildfläche: Anna Constantia von Brockdorff, besser bekannt als Gräfin Cosel. Die vier gemeinsamen Kinder konnten nicht verhindern, dass die intelligente Frau in Ungnade fiel und hinter den Mauern der ungemütlichen Festung Stolpen verschwand. Sie hatte sich nach Meinung einiger Höflinge zu massiv in die Politik eingemischt (s. S. 99).

Nachfolgerin der Gräfin Cosel wurde die reizvolle Polin Maria Magdalena von Dönhoff, die August von Warschau mit nach Dresden nahm. Bei den Feierlichkeiten zur Hochzeit seines Sohnes Friedrich August II. mit der habsburgischen Prinzessin Maria Josepha 1719 traf Vater August im Gefolge seiner Immer-noch-Gemahlin Christiane die junge Henriette von Osterhausen, mit der er noch einmal stürmische Wonnemonate verlebte. Sie ging als letzte Mätresse des katholischen Kurfürsten von Sachsen in die Geschichte ein. Acht uneheliche Kinder hat August der Starke offiziell anerkannt und standesgemäß versorgt, zahlreiche weitere Nachkommen sind nachgewiesen. Dennoch: auf die legendären 365 Kinder dürfte es der lustvolle Herrscher wohl nicht gebracht haben.

Seite 62

»Goldener Reiter«: Standbild Augusts des Starken auf dem Neustädter Markt

In der mit Kostümen und Plakaten dekorierten Theaterkneipe **L'Art de vie** kann man bei einem Glas »Schloss Wackerbarth« den Tag ausklingen lassen.

Dreikönigskirche ㉑

Sie ist eine Gemeinschaftsarbeit von Matthäus D. Pöppelmann und George Bähr. Entstanden 1732–1739, war sie bis zu ihrer Zerstörung 1945 eine der größten Dresdner Kirchen. Heute macht der Gottesdienstraum nur noch einen kleinen Teil des Gebäudes aus, da sich das »Haus der Kirche« hauptsächlich als kirchliches Kommunikationszentrum versteht. Neben dem **Barockaltar** von Benjamin Thomae von 1741 ist auch der Dresdner Totentanz zu sehen. Der 12,5 m lange, vierteilige Renaissancefries war bis zum Brand von 1701 am Georgentor des Schlosses angebracht. Vom Turm hat man einen schönen Rundblick. (Infos zu Führungen: Tel. 8 12 41 10.)

Neustädter Markthalle

Gegenüber der Dreikönigskirche, Ecke Ritterstraße, steht die große Markthalle, die 1899 auf einem ehemaligen Kasernengelände eröffnet wurde. Im eindrucksvollen, frisch restaurierten Gründerzeitbau werden u.a. sächsische Spezialitäten, darunter eine gute Auswahl einheimischer Weine (im Keller) angeboten. Die Gechichte des Automobilbaus in der DDR wird im Obergeschoss präsentiert. Über 40 Autos und 50 Zweiräder von 1945 bis 1990 sind zu sehen sind zu sehen (Kraftfahrzeugen »Ostmobil«, Mo–Fr 10–17 Uhr, Tel. 8 11 38 60, www.automobilmuseum-dresden.de

Am nördlichen Ende der Hauptstraße wetteifern mehrere Restaurants mit kleinen Biergärten um die Gunst der Spaziergänger.

Der Löwe, Hauptstr. 48, Tel. 8 04 11 38. Hier kommt bodenständige Kost zu soliden Preisen auf die Teller, dazu auch Spezialitäten aus dem Heimatland des bulgarischen Besitzers. ○

Albertplatz ㉒

Der Albertplatz (benannt nach König Albert, 1873–1902) ist eine riesige begrünte Verkehrsinsel. Zur Rast laden Parkbänke um die zwei großen runden, figurengeschmückten Monumentalbrunnen von 1894 ein.

An der Nordseite des Albertplatzes (s. S. 70) erhebt sich das erste Dresdner Hochhaus. Errichtet wurde der elfgeschossige Stahlskelettbau 1929. Eine Generation älter ist das prächtige Haus mit den Dachvasen an der Ostseite des Platzes (Ecke Georgenstraße): die Eschenbachsche Villa. Sie wurde 1901 für den Fabrikanten und Kunstmäzen Carl Eschenbach gebaut und beherbergt heute eine Bank.

Sitz des **Erich-Kästner-Museums** ist die Villa Augustin an der Westseite des Platzes. Als Bronzefigur sitzt der junge Kästner auf der Mauer und betrachtet wie vor 100 Jahren das Treiben. Der Besucher kann sich an Hand lebensgroßer Bausteine die vielen Facetten der Schriftstellerpersönlichkeit erschließen (Tel. 8 04 50 86, So–Di 10 bis 18, Mi 10–20 Uhr).

Königstraße ㉓

Vom Albertplatz führt die unter Pöppelmanns Leitung 1724–1732 erbaute und in den vergangenen Jahren sanierte Prachtmeile der Neustadt, die Königstraße, zurück zur Elbe.

Barocke Bürgerhäuser mit Hauszeichen aus dem 18. Jh., historische Straßenlaternen und die Fahrbahn mit Kopfstein gepflastert, von kleinen Bäumen gesäumt – eine wahre Augenweide! Die Königstraße gehört den auch zur bevorzugten Adresse von Boutiquen und Galerien, von Architektur- und Immobilienbüros. Kunst, Mode und die Kneipenszene vereinen sich hier zum angenehmen Dreiklang. In der Nr. 15 hat das Kulturrathaus der Stadt sein Logis. Der ehemalige Ballsaal im ersten Stock bildet den Rahmen für Konzerte und Lesungen.

Mit alten Linden und Springbrunnen strahlt der Platz hinter der Dreikönigskirche viel Ruhe aus. Im **Dresdner Hoftheater** (Nr. 6) kann man Fr und Sa 19 Uhr im historischen Ambiente eine Audienz mit August dem Starken erleben (Tel. 8 99 56 50).

Aus dem Hof der Nr. 3 dringt abends gedämpfte spanische Musik: Hier empfangen das Restaurant **La Posada** und die spanische Bar **Tapas-Tapas** ihre Gäste. Mindestens ebenso beliebt ist das Lokal **El Espanol** an der Dreikönigskirche. Alle ○○

Weinkontor, Königstr. 4, Tel. 8 04 89 90. Über 100 Weine aus Sachsen und anderen Anbaugebieten sowie 300 Whiskysorten füllen die Regale. Viele können verkostet werden. Auf Wunsch Versand an die Heimatadresse.

Interessante Geschäfte findet man auch in der etwas versteckten **Prisco-Passage** (Wallgässchen), die hinter der Nr 5 liegt.

Rähnitzgasse ㉔

Durch die »Passage Königstraße« auf Höhe der Hausnummer 8 gelangt man in die Rähnitzgasse. Ihre alten Fachwerkgebäude gingen beim großen Stadtbrand von Altendresden 1685 in Flammen auf. Auf den Grundmauern wurden barocke Bürgerhäuser errichtet, die man gegenwärtig sorgfältig restauriert.

Im Erdgeschoss des formidablen Fünf-Sterne-Hotels Bülow Residenz lässt es sich im vielgelobten Restaurant **Das Caroussell** exquisit speisen. ○○○

Ostasiatische Gestaltungselemente waren im 18. Jh. Mode

Seite 62

Im Japanischen Palais wurde die Porzellansammlung Augusts des Starken standesgemäß untergebracht

Die **Galerie Sybille Nütt** sowie die anderen zum »Kunstquartier zusammengeschlossenen Galerien Ecke Rähnitzgasse/Obergraben lohnen den Besuch.

▌ Alles in Silber und was dazu passt findet man im **Argentum** (Rähnitzgasse 27, Tel. 8 02 31 06.

Ein Klavierfachgeschäft besonderer Art betreibt Bert Kirsten am Ende der Heinrichstraße: Der Keller seines **Dresdner Piano-Salons** (Tel. 8 04 42 97) hat eine ausgezeichnete Akustik. Man kann sich davon bei gepflegten kleinen Konzerten überzeugen (Mai bis Sept., Mi 20 Uhr).

Palaisplatz

Zur gleichen Zeit wie die Königstraße wurde der weiträumige **Palaisplatz** angelegt. Die Gebäude an Ost- und Südseite wurden 1945 ausgebombt. Im klassizistischen Torhaus soll bald ein Lokal eröffnet werden.

Wenzel, Königstr. 1, Tel. 8 04 20 10. Böhmische Spezialitäten und Prager Bier in alten Gewölben. Recht preiswert. Donnerstags gibt's den »Wenzel-Schmaus« (Gulasch und Knödel plus eine Halbe Bier für 6,90 €). ○

Japanisches Palais ㉕

In dem 1715 nach einem Pöppelmann-Entwurf errichteten Gebäude sind heute das **Völkerkundemuseum** und das Landesmuseum für Vorgeschichte untergebracht. August der Starke kaufte das Palais und quartierte hier seine erlesene Porzellansammlung ein. Die wertvollen japanischen und chinesischen Stücke sollten eine stilvolle Umgebung finden. Bei den Erweiterungsbauten 1727 bis 1733 brachte man orientalische Gestaltungselemente an – damals der letzte Schrei.

Aus dem zunächst relativ bescheidenen Schloss wurde eine mächtige spätbarock-klassizistische Vierflügelanlage mit chinesischen Figuren aus Sandstein und pagodenähnlich geschweiften Kupferdächern, die ihm den Namen Japanisches Palais einbrachten.

Das 1733 von Benjamin Thomae gestaltete **Giebelrelief** verweist noch auf die ursprüngliche Bestimmung des Palais: Es zeigt, wie der personifizierten Saxonia Porzellangefäße überreicht werden. Ende des 18. Jhs. verebbte die »Asien-Welle« wieder, die

2

Seite
62

Weg 2

- ⑮ Augustusbrücke
- ⑯ Blockhaus
- ⑰ Goldener Reiter
- ⑱ Jägerhof
- ⑲ Kügelgen-Haus
- ⑳ Societaetstheater
- ㉑ Dreikönigskirche
- ㉒ Albertplatz
- ㉓ Königstraße
- ㉔ Rähnitzgasse
- ㉕ Japanisches Palais

Weg 3

- ㉖ Altmarkt
- ㉗ Webergasse
- ㉘ Kulturpalast
- ㉙ Kreuzkirche
- ㉚ Gänsedieb-Brunnen
- ㉛ Landhaus (Stadtmuseum)
- ㉜ Gewandhaus
- ㉝ Rathaus
- ㉞ Prager Straße

Weg 4

- ㉟ Kulturzentrum Scheune
- ㊱ Kunsthof
- ㊲ Filmpalast Schauburg
- ㊳ Alter Jüdischer Friedhof
- ㊴ Pfunds Molkerei
- ㊵ Martin-Luther-Kirche

Weg 5

- ㊶ »Gläserne Manufaktur«
  des Volkswagenwerkes
- ㊷ Botanischer Garten
- ㊸ Zoologischer Garten
- ㊹ Carolasee
- ㊺ Christuskirche
- ㊻ Gartenpalais
- ㊼ Parktheater
- ㊽ Mosaikbrunnen
- ㊾ Rudolf-Harbig-Stadion
- ㊿ Deutsches Hygienemuseum

griechische Antike war en vogue. Dies belegen die **Wandmalereien** Gottfried Sempers von 1836 in den Sälen des Erdgeschosses. Seitdem ziert der Slogan »Museum usui publico patens« (Museum, das der öffentlichen Nutzung dient) das Portal.

Die Sammlung des **Völkerkundemuseums,** das in den 1950er Jahren mit dem **Landesmuseum für Vorgeschichte** einzog, geht zurück auf die 1560 von Kurfürst August angelegte »Kunstkammer«, in der seltene Naturerscheinungen und exotisch anmutende Stücke aus aller Welt zusammengetragen sind.

Im 19. Jh. erweiterte man den Fundus um eine ethnographische Sammlung. Schwerpunkte der Ausstellung bilden Ozeanien, Indonesien, Westafrika sowie Südamerika. Landesmuseum für Vorgeschichte (Tel. 8 29 69 27): tgl. 10–18 Uhr; Völkerkundemuseum (Tel. 8 14 48 60: Di, Do–So 10–17 Uhr, Mi 15-20 Uhr).

Palaisgarten und Umgebung

Den Eingang zum Palaisgarten bewacht seit 1929 das **Denkmal König Friedrich Augusts I.** Ernst Rietschel und Christian Daniel Rauch verewigten den ersten sächsischen König in Denkerpose. Ursprünglich stand das 1843 geschaffene Denkmal im Zwinger. Die beiden ausladenden **Platanen** im Mittelteil des Gartens sind so alt wie der Garten selbst: Sie stammen noch aus dem 18. Jh.

An der Elbe verläuft ein beliebter **Promenadenweg,** auf dem sich Inlineskater und Spaziergänger tummeln. Am anderen Ufer sieht man rechts die glänzende Glaskuppel der ehemaligen Zigarettenfabrik Yenidze mit dem als Minarett getarnten Schornstein, davor das neue Kongresszentrum. Links daneben ragt der Erlwein-Speicher auf, bald ein neues Kongresshotel.

Vom Mittelalter zum Sozialismus

Altmarkt → *Kreuzkirche → *Landhaus → Rathaus → *Prager Straße

Weitläufig und übersichtlich – so präsentiert sich dem Pflastertreter heute der Weg zwischen Altmarkt und Prager Straße. Jedoch gilt es in dieser Gegend rund um Kreuzkirche und Rathaus auch einige verwinkelte Gässchen mit historischem Flair zu entdecken. Das herausragende Bauwerk am Altmarkt ist die Kreuzkirche, deren wieder zugänglicher Glockenturm einen Rundblick über die ganze Stadt eröffnet. Zu ihren Füßen verbreitet im Dezember der Striezelmarkt seine weihnachtlichen Düfte. Das Rathaus wartet im Lichthof mit Dresdens Zukunftsvisionen als Modell auf. Danach kann man auf der Prager Straße mit der Rotunde und dem Glasfoyer einen Einkaufsbummel anschließen.

Der Altmarkt ㉖

Schaufensterbummel unter den Arkaden

Willkommen auf dem ältesten Platz Dresdens! Der Altmarkt wurde 1370 erstmals urkundlich erwähnt und bildete den Kern der mittelalterlichen Stadt: Hier schlugen die Handwerker ihre Verkaufsstände und die Schausteller ihre Jahrmarktsbuden auf; vornehme Patrizierhäuser säumten den Platz, auf dem Übeltäter an den Pranger gestellt wurden. Die Cafés um den Altmarkt waren beliebte Treffpunkte.

Der Striezelmarkt auf dem Altmarkt ist Deutschlands ältester Weihnachtsmarkt

Wenn gerade kein Markt ist, dient der Altmarkt als Parkplatz. Flächenmäßig ist er mehr als doppelt so groß wie früher, denn nach der Zerstörung von 1945 wurde er neu angelegt und ausgeweitet. An der Südseite wurden mittelalterliche Gemäuer freigelegt. In den kommenden Jahren soll der Platz neu gestaltet werden, unter ihm wird eine Tiefgarage entstehen.

Unter den schattigen Arkaden an der Westseite des Altmarktes laden Geschäfte zu einem Schaufensterbummel ein. Vor allem ältere Dresdner freut es, dass die 1825 am Altmarkt gegründete, jetzt in München ansässige Konditorei Kreutzkamm hier wieder einen Laden mit Café eröffnet hat. Spezialität des Hauses ist der Dresdner Baumkuchen. Schon sind auch die Damen mit Hut und Handschuhen wieder da, die den kleinen Finger beim Kaffeetrinken so unnachahmlich vornehm abspreizen können ...

Striezelmarkt und mehr

Übers Jahr finden auf dem Altmarkt mehrere Märkte statt: der Frühjahrs-, der Herbst- und – in der Adventszeit – der traditionelle Striezelmarkt. Dann zischen die Bratwürste im Fett, aus den Zapfhähnen fließen Eibauer Schwarzbier und Dresdner Pilsner, verführerisch duften die sächsischen Quarkkeulchen oder echte Pulsnitzer Pfefferkuchen. An den Buden werden geschnitzte Nussknacker aus dem Erzgebirge, Töpferware und Leinenwäsche aus der Oberlausitz angepriesen.

An warmen Sommertagen stellen die zwei benachbarten Pizza-&-Pasta-Restaurants ihre Tische und Stühle im Freien auf, und im Schutz der Arkaden spielen und singen Straßenmusikanten. Dazwischen werben Eis- und Losverkäufer um Kunden.

Etwas nüchterner wird das Bild, wenn man den Blick nach oben schweifen lässt, auf die Gebäudekomplexe aus den 1950er Jahren, die den Marktplatz flankieren. Ihre Balustraden, Fensterbogen und schmiedeeisernen Geländer sind typisch für den damals aus der Sowjetunion importierten »Zuckerbäckerstil«.

Altmarkt-Galerie ⓐ

Von den Arkaden führt über die Webergasse ein kleiner Durchgang zur Altmarkt-Galerie, einer neuen Ein-

Wasserspiele vor dem Kulturpalast in der Wilsdruffer Straße

kaufspassage mit über 100 Geschäften und einem vielfältigen gastronomischen Angebot. Über dem Torbogen fällt ein typisches Motiv des »Stalin-Barock« ins Auge: eine Mutter, die ihr spielendes Kind auf den Knien hält.

Kulturpalast ㉘

Der mächtige Kulturpalast ist ein typisches Beispiel für den Zweckstil der Architektur der 1960er Jahre. Der Festsaal des flachen, quaderförmigen Kastens aus Glas und Beton fasst 2400 Zuschauer und wurde 1969 eingeweiht.

Hier hat die Dresdner Philharmonie ihre Stammbühne, auch finden in den Räumlichkeiten Kongresse und ähnliche Veranstaltungen statt. Die Pläne, das Haus abzureißen, wurden zu den Akten gelegt. Abgedeckt wurde hingegen das überdimensionale Wandbild »Der Weg der roten Fahne«, ein Propagandabild, das nicht mehr in die politische Landschaft passt.

*Kreuzkirche ㉙

Richtet man den Blick wieder auf den Altmarkt, erkennt man die Kreuzkirche, das einzige Gebäude, das die stürmischen Zeiten überdauert hat. Ein Gotteshaus aus dem 12. Jh. war hier dem hl. Nikolaus geweiht. Markgraf Heinrich der Erlauchte stiftete ihr einen Holzsplitter vom Kreuz Christi, den seine habsburgische Gattin Constanze mit in die Ehe gebracht hatte. Für die Reliquie wurde 1235 die Kreuzkapelle angebaut, deren Name später auf die Kirche überging. Nach dem großen Stadtbrand von 1491 errichtete man anstelle der alten Basilika eine gotische Hallenkirche, in der im Juli 1539 der erste lutherische Gottesdienst in Dresden stattfand.

Der Innenraum

Der 1945 bis auf ein Altargemälde völlig zerstörte Innenraum – nur die Außenmauern mit der barocken Fassade waren stehen geblieben – wurde bis 1955 in einfacher, schmuckloser Form wiederhergestellt. Ursprünglich war die Lösung als Provisorium gedacht, doch nun soll der schlichte Rauputz auch bei der aktuellen Restaurierung erhalten bleiben, weil der große Raum dadurch gut seine Wirkung entfalten kann. Rechts vom Haupteingang erinnert eine Kapelle an den Komponisten Heinrich Schütz, der 1615–1672 Hofkapellmeister war und der protestantischen Kirchenmusik wichtige Impulse gab. 3500 Menschen finden in der Kirche Platz.

Ende der 1980er Jahre war die Kreuzkirche mit den Friedensgebeten ein Treffpunkt der Opposition gegen das dem Untergang geweihte DDR-Regime. In dieser Tradition wird jeden Freitag um 12 Uhr ein »Gebet für Frieden und Versöhnung« gesprochen (Führungen: Fr 10.30 Uhr).

3

Seite
62

Der Kreuzchor

Der traditionsreiche Kreuzchor, der bereits in Dokumenten des 14. Jhs. verzeichnet ist, genießt Weltruhm: Die samstäglichen Kreuzchorvespern um 18 Uhr, im Winter 17 Uhr (kein Eintritt), ein musikalischer Hochgenuss, sollte man sich nicht entgehen lassen.

Tipp Vom 92 m hohen **Glockenturm** der Kreuzkirche, den G.A. Hölzer errichten ließ, hat man einen schönen Rundblick über die gesamte Dresdner Innenstadt und bei klarem Wetter auch weit ins Umland hinein. (Ostern bis Okt. Mo–Sa 10–17.30, So 12 bis 17.30 Uhr, Nov. bis Ostern bis 16 Uhr.

Der 13. Februar 1945

Die Stadt galt als der »sicherste Luftschutzkeller des Reiches«. Sie war voll von Flüchtlingen aus dem Osten, von Kriegsgefangenen und Verwundeten. Sie alle glaubten, die Kunststadt mit ihren weltberühmten Bauten würde von schweren Bombenangriffen verschont werden und die verbleibenden Kriegswochen heil überstehen. Winston Churchill und sein Luftmarschall Sir Arthur Harris jedoch verfolgten das Ziel, mit einem Schlag gegen eine bisher unversehrte Großstadt den Rest der Kampfmoral der Deutschen zu brechen.

Am frühen Abend des 13. Februar 1945, es war Faschingsdienstag, starteten 245 Lancaster-Bomber von ihren englischen Stützpunkten und nahmen Kurs auf Dresden. Um 21.55 Uhr meldete der Rundfunksprecher aus dem Keller des Albertinums den Anflug starker Luftverbände. Um 22.13 Uhr detonierten die ersten Bomben.

Eine knappe halbe Stunde dauerte der Angriff, der die Dresdner Innenstadt in ein flammendes Inferno verwandelte. Lösch- und Rettungsaktionen waren aussichtslos. Am nächsten Tag warfen noch einmal

mehr als 500 B-17-Bomber der US-Luftwaffe ihre tödliche Last ab und beschossen die sterbende Stadt mit Bordwaffen. Die ausgeglühte Kuppel der Frauenkirche stürzte in sich zusammen. Die Industriegebiete Dresdens und die Kasernen im Norden blieben dagegen weitgehend unversehrt ...

Gerhart Hauptmann beobachtete das Flammenmeer vom Sanatorium Weidner in Oberloschwitz aus. »Wer das Weinen verlernt hat, der lernte es wieder beim Untergang Dresdens«, schrieb er später. 9000 Tote wurden aus den Trümmern geborgen und auf dem Altmarkt verbrannt, um den Ausbruch von Seuchen zu verhindern.

Die Gesamtzahl der Opfer konnte nie genau ermittelt werden, Schätzungen schwanken zwischen 30 000 und 200 000. Zwinger, Semperoper und Residenzschloss waren völlig ausgebrannt. Die Innenstadt war nur noch ein einziges riesiges Ruinenfeld. Erich Kästner erkannte seine Heimatstadt nicht wieder und schrieb erschüttert: »Ich stand in einer kilometerlangen, kilometerbreiten Leere. In einer Ziegelsteppe. Im Garnichts.«

3

Seite
62

Von der Weißen Gasse zum Rathaus

Gänsedieb-Brunnen ③⓪

Die Brunnenfigur des Gänsediebs in der Weißen Gasse geht auf einen gewissen Thomas Platter zurück, der als Schüler um 1512 in der Nähe Dresdens auf frischer Tat beim Gänseklauen ertappt wurde. Der Dresdner Bildhauer Robert Diez, der auch die beiden großen Brunnen auf dem Albertplatz schuf (s. S. 60), hat ihn 1878 verewigt. Rings herum ist Dresdens neuestes Kneipenviertel entstanden. Besonders beliebt: »Der Fliegende Holländer« und »Der Gänsedieb«.

Seite 62

*Landhaus ③①

Im alten Landhaus ist das Dresdner **Stadtmuseum** untergebracht. Anhand seiner kulturhistorischen Exponate kann man die Geschichte Dresdens von der Stadtgründung bis heute nachvollziehen. Das viergeschossige Gebäude mit Mansardendach entstand 1770–1776 als Versammlungshaus der sächsischen Landstände. Seine Vorder- und Rückseite wurden inzwischen vertauscht: Das ehemalige, im klassizistischen Stil gehaltene **Eingangsportal,** dessen sechs dorische Säulen den Balkon tragen, ziert heute die Rückseite.

Der Eingang auf der Gartenseite präsentiert sich barock. Im Innern des Hauses findet die stattliche Fassade ihre Entsprechung: Eine doppelläufige, reich geschmückte **Rokokotreppe** führt zur Balustrade hinauf. Die Wände im Treppenhaus sind mit Steinvasen aus der Werkstatt des Bildhauers Gottfried Knöffler geschmückt (2004 wegen Umbau geschlossen).

Gewandhaus ③②

Das Gebäude gleich neben dem Rathaus diente einst als eine Art Kaufhaus, in dem vor allem mit Textilien, später aber auch mit Fleisch und Brot gehandelt wurde. Im Untergeschoss befanden sich noch bis kurz vor 1900 die Dresdner Fleischbänke. Nachdem das alte Dresdner Gewandhaus am Neumarkt im Siebenjährigen Krieg zerstört worden war, entstand 1768 bis 1770 der Nachfolgebau. In dem stattlichen dreigeschossigen Gebäude mit Dreiecksgiebel und Mansardendach vermischen sich architektonische Stilelemente aus dem späten Barock und dem Klassizismus. Seit den 1960er-Jahren beherbergt das originalgetreu wieder errichtete Gewandhaus ein Hotel, das seit 1997 zur Luxusherberge umgebaut wurde.

An der Rückseite des Gewandhauses steht seit 1966 der **Dinglinger-Brunnen.** Der wuchtige barocke Wandbrunnen stammt aus dem ehemaligen Wohnhaus des Goldschmieds und Hofjuweliers Johann Melchior Dinglinger, der es zu einem großen Vermögern brachte. Das Haus wurde 1945 zerstört, die Einzelteile hat man geborgen und neu zusammengesetzt.

Rathaus ③③

Das Neue Rathaus umfasst den gesamten Block zwischen Kreuzstraße, Schulgasse, Dr.-Külz-Ring und Rathausplatz – mitsamt den sechs dazugehörigen Innenhöfen. Gebaut wurde das kompakte Ungetüm, das eine Fläche von 13 000 m² bedeckt, in den Jahren 1905–1910, nachdem sein Vorgänger am Altmarkt aus den Nähten zu platzen drohte.

Der 98 m hohe **Rathausturm** ist zu einem Wahrzeichen der Stadt geworden. Die mit Sandsteinfiguren geschmückte Aussichtsplattform in 68 m Höhe kann man besteigen (Aufzug vorhanden!). Auf der Turmspitze thront der vergoldete **Rathausmann,** eine 5 m hohe Statue des vollbärtigen

Die Seestraße zwischen Altmarkt und Prager Straße, im Hintergrund die Kreuzkirche

3

Seite
62

Herkules, der als Schutzpatron sein Füllhorn über der Stadt ausschüttet.

Zwei bronzene Löwen bewachen die mit vergoldeten schmiedeeisernen Gittern verzierte **Goldene Pforte** am Rathausplatz. Die Sinnsprüche auf den Wappenschilden der Figuren stammen zwar aus dem Jahr 1910, sind jedoch von zeitloser Aktualität: »Der ist kein Bürger, der die eigne Sorge vergißt nicht in der Not des Allgemeinen.« Und: »Willst du was schaffen, tu es nicht ohne Rat. Doch vorwärts bringt dich nur die frische Tat.« Während der Amtsstunden kann man einen Blick hinter die Goldene Pforte werfen: auf das sehenswerte **Jugendstiltreppenhaus** mit der doppelläufigen Treppe zum Festsaal.

Vor dem Eingang zum **Ratskeller** reitet der Weingott Dionysos auf einem trunkenen Esel. Seine rechte große Zehe ist blank poliert. Warum? Ganz einfach: Jeder, der sie berührt, schützt sich so vor den bösen Folgen des Alkoholgenusses.

*Prager Straße ㉞

Nachdem man die **Trümmerfrau** umrundet hat, die seit 1952 die Erinnerung an die großartige Arbeitsleistung der Dresdner Frauen in den ersten Nachkriegsjahren aufrecht erhält, spaziert man auf dem Dr.-Külz-Ring am Rathaus entlang. Beim neuen Karstadt-Gebäude beginnt die **Prager Straße,** eine belebte Fußgängerzone, die nach 1945 vollständig neu erbaut wurde und den Altmarkt mit dem Wiener Platz am Hauptbahnhof verbindet.

Dresdens neues Geschäftszentrum erhielt seinen Namen wegen der Lage am Böhmischen Bahnhof, dem Vorgänger des Hauptbahnhofs: Hier fuhren früher die Züge nach Prag ab. Im Herbst 1989 verlief die Reiseroute umgekehrt: Die Züge waren voller ausreisewilliger Ostdeutscher, die aus der bundesdeutschen Botschaft in Prag durch die DDR in den Westen wollten. Viele Dresdner versuchten zuzusteigen, doch die Polizei griff ein und verhinderte dies mit Gewalt. Es waren dramatische, traurige Szenen, die sich am Hauptbahnhof und auf der Prager Straße abspielten. Der Hauptbahnhof wird derzeit nach Plänen von Sir Norman Foster umgebaut.

Die quaderförmigen Blöcke entlang dem Boulevard stammen aus den 1970er Jahren. Die Hotelhochhäuser derr ibis- und Mercure-Gruppe wurden erst nach der Flut wieder grundlegend modernisiert.

Eine Attraktion: das Rundkino Ufa-Palast in der Prager Straße

3

Seite 62

ℹ️ Gegenüber, in einem neu errichteten Pavillon, sitzt die **Tourist-Information,** die auch bei der Zimmervermittlung hilft.

In dem schlichten Beton ist das Schnäppchenwesen vertreten. Wühltische, Preisschilder und flatternde Fähnchen bestimmen das Bild. Am nördlichen Ende der Prager Straße sind in den letzten Jahren anspruchsvollere Geschäfte eröffnet worden.

Eine Attraktion ist der **Ufa-Palast,** das neue, futuristisch anmutende Superkino zwischen Prager und St. Petersburger Straße. Und doch: Mit dem alten Pracht- und Promenierboulevard, der 1945 zerstört wurde, hat die heutige Prager Straße nur noch den Namen gemein. Alte Dresdner erinnern sich wehmütig an die eleganten Läden, Cafés und Restaurants, das berühmte Kaiser-Café im Jugendstil am Wiener Platz oder das neobarocke Central-Theater mit Wintergarten, Weinlokal und Biertunnel … Doch neuerdings gibt es hier einen anderen Tunnel, einen 600 m langen Autotunnel, der den Wiener Platz unterquert. Nachdem er und eine große Tiefgarage fertiggestellt wurden, wird dort nun mit dem Bau von Geschäfts- und Bürohäusern begonnen.

Das Szeneviertel in der Neustadt

Scheune → Groove Station → *Alter Jüdischer Friedhof → *Pfunds Molkerei → Martin-Luther-Kirche

Zwischen Bautzner Straße, Bischofsweg und Königsbrücker Straße, wo Erich Kästner seine Kindheit verbrachte, sind flippige Cafés, Kneipen, Galerien und Läden entstanden. Die »Bunte Republik Neustadt« ist ein Dorado für Alternativ-Freaks und Nachtschwärmer. Man findet hier noch Abendunterhaltung zu normalen Preisen, doch auch die Yuppie-Kultur hat schon Fuß gefasst. Herrliche Gründerzeithäuser prägen das Straßenbild in diesem historischen Stadtviertel, das vor 1989 beinahe der Spitzhacke zum Opfer gefallen wäre. Ideal ist es, den Ausflug am Nachmittag zu beginnen und gemächlich in einen langen Abend übergehen zu lassen.

Vom Albertplatz ㉒ in die Äußere Neustadt

Startpunkt dieses Spaziergangs ist das verkehrsreiche nördliche Ende des Albertplatzes (s. S. 59 f.).

Eine kleine Oase inmitten des lärmend lauten Treibens ist der 1893 aufgestellte **Artesische Brunnen,** dessen tempelartige, auf Säulen ruhende Überdachung ins Auge fällt. In seinem Becken tummeln sich Goldfische. Das Brunnenwasser gilt als frisch und wohlschmeckend, und manche Dresdner holen sich hier ihr Trinkwasser.

Königsbrücker Straße

Gegenüber zweigt die Königsbrücker Straße ab, die Hauptverkehrs- und Geschäftsader der Äußeren Neustadt. Im Haus Nr. 66 kam 1899 Erich Kästner zur Welt (s. S. 60 und 72). Schräg gegenüber zeigt in ener alten Villa das **Puppenmuseum** Puppen, Bären und Spielzeug des 19. und frühen 20. Jhs. (Tel. 56 35 57 21, Di–Fr 10–12, 14–18 Uhr, Sa/So 11–16 Uhr

Café Kästner, Tel. 8 10 40 50. Überdachter Kaffeegarten an der Ecke Alaunstraße. ○

Sybillenort, Königsbrücker Str. 44/ Ecke Jordanstr., Tel. 8 02 05 09. Hier holte der kleine Erich Kästner für seine Eltern Bier im Krug. Die Spuren sind gründlich verwischt, denn jetzt kocht hier das euro-asiatische Schnellrestaurant **Tickende Pfanne** asiatische Spezialitäten. ○

Vor dem Café Kästner erinnert ein **Denkmal-Stillleben** an den Dresdner Autor (s. Abb. S. 24).

Alaunstraße

Einkaufsmeile mit Atmosphäre

Die Alaunstraße ist der Haupteingang ins Szene-, Kneipen- und Sanierungsviertel Äußere Neustadt. Weil die Gegend erst während der Regierungszeit König Antons (1827–1836) nach Dresden eingemeindet wurde, heißt sie auch »Antonstadt«.

Die schmale Alaunstraße präsentiert sich als Einkaufsmeile mit Kiez-Atmosphäre und erfreulich wenig Autoverkehr. Die Läden hier verkaufen Gemüse und Secondhand-Kleidung, schrille Jugend-Mode, Blumen und CDs. In Nummer 12 hat ein »DDR-shop« eröffnet, der von Hattorenku-

geln bis zur Spreewaldgurke Ost-Produkte anbietet. Selbst die Präsentation erinnert an alte Zeiten.

Kulturzentrum Scheune ㉟

Zwischen Louisenstraße und Böhmischer Straße schaut rechts zwischen Bäumen die Scheune hervor, ein Zentrum alternativer Jugendkultur. In dem geräumigen Haus traf sich die »Neustädter Szene«, junge Leute, die in die leer stehenden maroden Altbauten zogen und sich notdürftig darin einrichteten. Sie verhinderten so den Abriss zahlreicher Gründerzeithäuser.

Vom Aussteiger- zum Szeneviertel

Als Investoren die schnelle Mark witterten, besetzten die jungen Neustädter die Häuser und riefen die »Bunte Republik Neustadt« aus. Die Wogen haben sich wieder geglättet: Die Sanierungsarbeiten gehen gut voran.

Wo der erfinderische Apotheker Ottomar Heinsius von Mayenburg einst seine »Chlorodont«-Zahnpasta in Tuben presste, hat sich ein Szenegelände entwickelt, bestehend aus der **Groove Station** (s.u.), der **Galerie Treibhaus** unter einem 200 m² großen Glasdach mit angrenzenden Werkstätten für Schmuck, Leder, Siebdruck, Lithographie, der **Down Town** (Diskothek und Jugendtanzlokal), der Party Location **Lofthouse** (ab April) für Feierwütige sowie einem Internetcafé. In die Louisenstraße umgezogen ist der **Mondpalast,** ein Hostel mit preiswerten Mehrbettzimmern für junge Rucksackreisende aus aller Welt (Tel. 5 63 40 50, www.mondpalast.de).

Tipp Groove Station: Ein Exempel für alternativen Unternehmergeist ist die Kneipe mit Wasch- und Billard-

Seite 62

4

salon im Hinterhof der Katharinenstraße 11–13. Neu: das Internetcafé; www.groovestation.de

Einkaufen und Einkehren

Immer mehr originelle Geschäfte werden in dieser Gegend eröffnet. Ein Beispiel ist die **Spinnwebe**, Alaunstr. 43 (im Hof), Tel. 8 01 24 40. Hier gibt's handgesponnene Wolle, Leinengardinen, handgewebte Schafwollteppiche, Theaterkostüme, Schmuck und Hüte.

▌ Eine große Auswahl an Künstlerbedarf – Farben, Pinsel, Bilderrahmen und Spezialpapier – gibt es im **Malkasten** (Louisenstr. 12). Im Haus Louisenstr. 59 war eine der ersten Volks- und Industrieschulen.

 Café Kontinental, Görlitzerstr. Ecke Louisenstraße, Tel. 8 01 35 31. Auf den dekorativen Mosaikflächen werden rund um die

4

Seite **62**

Erich Kästners Kindheit

In einer Mansardenwohnung in der Neustadt, Königsbrücker Str. 66, kam Erich Kästner 1899 zur Welt. Sein Vater arbeitete in einer Kofferfabrik, die Mutter zu Hause an der Nähmaschine.

In der Villa seines Onkels am Albertplatz war der kleine Neffe oft zu Besuch. Seine Erinnerungen an diese Zeit brachte er zu Papier:

»Am liebsten hockte ich dann auf der Gartenmauer und schaute dem Leben und Treiben auf dem Albertplatze zu. Die Straßenbahnen, die nach der Altstadt, nach dem Weißen Hirsch, nach dem Neustädter Bahnhof und nach Klotzsche und Hellerau fuhren, hielten dicht vor meinen Augen, als täten sie's mir zuliebe. Hunderte von Menschen stiegen ein und aus und ein und um, damit ich etwas zu sehen hätte ... Die Feuerwehr ratterte, mit ihrem Hornsignal und glockenläutend, vorbei. Eisverkäufer in weißer Uniform verkauften an der Ecke Waffeln für fünf und für zehn Pfennige. Ein Bierwagen verlor ein

Hektoliterfaß, und die Neugierigen kamen gelaufen. Der Albertplatz war die Bühne.« (Aus: Erich Kästner, »Als ich ein kleiner Junge war«, Atrium-Verlag, Zürich.)

Mutter Kästner tat alles, um die Fähigkeiten ihres Sohnes zu fördern: Ein Zimmer der kleinen Wohnung wurde an den Lehrer Schurig vermietet, der dem Sohn ein anregender Gesprächspartner werden sollte. Der Musterschüler schaffte den Sprung auf das Fletschersche Lehrerseminar, doch die autoritären Unterrichtsmethoden verdarben ihm die Lust, Lehrer zu werden. Nach kurzer Militärzeit holte er 1919 auf dem König-Georg-Gymnasium das Abitur nach. Mit dem »Goldenen Stipendium der Stadt Dresden« ging Kästner zum Studium der Germanistik, Geschichte und Philosophie an die Universität Leipzig. Mutter Kästner war stolz auf ihn. Und der Vater? Man weiß bis heute nicht, ob der Sattler Emil Kästner der leibliche Vater war oder aber Dr. Zimmermann, der Hausarzt der Familie.

Uhr Nachtschwärmer, Frühaufsteher und anderes buntes Volk bewirtet. Live Jazz.

❚ Die schon legendäre **Planwirtschaft** (Nr. 20), eine der ersten Neustädter Kultkneipen nach der Wende, hat sich ein neues Outfit zugelegt. Darüber kann man im **Louise 20 Hostel,** Tel. 8 89 48 94, in sauberen Mehrbettzimmern günstig übernachten. ○

Kunsthof ㉟

In der Alaunstraße 78 ist der Durchgang zur Kunsthofpassage. Jeder einzelne der ehemals tristen Hinterhöfe ist kreativ gestaltet. Kneipen, Läden und Galerien laden zum Verweilen ein. Wer mehr über die Künstler erfahren will: www.kunsthof.com

Ganz am Ende der Alaunstraße, im Haus Nr. 100, harrt zäh das **Café 100** aus, eine der vielen schnell improvisierten Szenekneipen, die in der Neustadt eröffnet wurden. Geöffnet von 17 bis 3 Uhr, lockt das Café mit einem gut bestückten Weinkeller und, bei schönem Wetter, mit einem romantischen Hofgarten zum Draußensitzen (Tel. 8 01 39 57). ○

Ein paar Schritte weiter mündet die Alaunstraße in den Bischofsweg südlich des Alaunplatzes, des einzigen größeren grünen Flecks im Viertel. Die zum Teil prächtigen Gebäude wurden zwischen 1860 und 1900 gebaut. Von hier aus hat man die neuromanische **Garnisonskirche** im Blick. In den ehemaligen protestantischen Teil der Doppelkirche zieht 2004 die Puppentheatersammlung ein.

Cineasten kommen in der **Schauburg** ㊲ auf ihre Kosten: Im größten Kino der Neustadt, einem

Bemalte Fassade in der Louisenstraße

stilvoll renovierten 1920er-Jahre-Filmpalast, laufen (fast) rund um die Uhr Klassiker und Kultfilme, aber auch Neues aus Hollywood (Programmansage: Tel. 8 02 58 29).

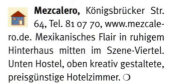

Mezcalero, Königsbrücker Str. 64, Tel. 81 07 70, www.mezcalero.de. Mexikanisches Flair in ruhigem Hinterhaus mitten im Szene-Viertel. Unten Hostel, oben kreativ gestaltete, preisgünstige Hotelzimmer. ○

Görlitzer Straße und Umgebung

Neue Geschäfte scheinen sich mit Vorliebe in der Görlitzer Straße anzusiedeln, so der DJ-Store **T.O.A.S.T.-Records** (Nr. 9), der über seine Website auch Internetshopping anbietet. Auch in der Verlängerung der Görlitzer, der Rothenburger Straße, hat sich allerhand Trendiges angesiedelt. Manches von hier kann man aber wohl nur bei den Neustadt-Partys tragen.

4

Seite 62

Bei Muttern, Schönfelder Str. 2/Ecke Kamenzer Str., Tel. 8 02 85 37. Uriges Lokal mit original Dresdner Hausmannskost. Die Wirtin ist mit Tipps und Infos zur Stelle. ○

Im **Jazz Café** in der Martin-Luther-Str. 37/Ecke Louisenstr., Tel. 8 03 99 07, trifft man sich abends mit Freunden oder einfach nur, um bei sanftem Jazz mal wieder die Seele baumeln zu lassen und dazu einen Cocktail wie den »Black Moon« zu schlürfen, während draußen vor den großen Fenstern das Publikum vorbeipromeniert. ○

*Alter Jüdischer Friedhof ㊳

Der Alte Jüdische Friedhof scheint etwas in Vergessenheit geraten zu sein und ist auf vielen Stadtplänen nicht mehr verzeichnet. Wer den Friedhof besichtigen möchte, kann sich in der Pulsnitzer Str. 10 beim Verein Hatikva melden. Angelegt wurde der Begräbnisort 1751 nach einem Gesuch der jüdischen Gemeinde an den Kurfürsten, dem stattgegeben wurde. Seit 1869 finden die Juden von Dresden und Umgebung auf dem Neuen Jüdischen Friedhof ihre letzte Ruhe.

Isbuschka, Pulsnitzer Str. 1, Tel. 8 04 76 23. Russische Spezialitäten, Moskauer Bier und Brot aus dem eigenen Backofen. Dem Namen zum Trotz (Isbuschka heißt Hexenhaus) ist die Einrichtung hell und freundlich. Samstags Livemusik. ○○

Pfunds Molkerei in der Bautzner Straße, »der schönste Milchladen der Welt«, wurde aufwändig restauriert und ist ein echter Publikumsmagnet

*Pfunds Molkerei ㊴

Den Anspruch, »der schönste Milchladen der Welt« (Guinnessbuch der Rekorde) zu sein, erhebt der unter Denkmalschutz stehende Verkaufsraum von Pfunds Molkerei in der Bautzner Straße 79 zu Recht. Die Wände, der Fußboden, ja sogar die Decke sind mit farbig bemalten Fliesen verkleidet – der Laden ist einfach traumhaft schön! Es fing 1879 damit an, dass der Landwirt Paul Pfund sechs Kühe hinter eine Glasscheibe stellte und die Kunden wählen ließ, von welcher sie die Milch haben wollten. Bis in die 1970er Jahre konnte sich eine der größten Molkereien Deutschlands etablieren. Nach 1990 wurde der Milchladen detailgetreu restauriert.

Heute kann man bei Pfunds Molkerei nicht nur Milch trinken, sondern auch unter mehr als 100 Käsesorten wählen, von denen die meisten aus Rohmilch von frei weidenden Kühen hergestellt werden. Links neben dem Laden findet man Lausitzer Keramik, rechts Plauener Spitzen und andere textile Souvenirs. Bei Stadtrundfahrten ist ein Halt bei Pfunds eingeplant.

In Gebäuden der ehemaligen Molkereistadt, Prießnitzstr. 10, hat neben dem Hotel-Café Backstage und dem Restaurant Lehmofen das Travestie-Revuetheater **Carte Blanche** eröffnet (Mi–Fr 20 Uhr, Sa/So 19 und 20 Uhr, Tel. 20 47 20).

Martin-Luther-Kirche ㊵ und Böhmische Straße

Die Martin-Luther-Kirche erhielt ihren Namen 1883 anlässlich der Feier des 400. Geburtstags des Reformators.

4

Seite 62

Die sächsischen Weine sind im Kommen

Dresdens Gastronomie holt mächtig auf

4

Seite 62

Während der Bauzeit 1883–1887 galt eine Vorschrift, nach der für protestantische Kirchenbauten nur historische Formen erlaubt waren. Das basilikaähnliche Bauwerk mit 81 m hohem neugotischem Turm ist so im neoromanischen Stil gehalten (Di–Sa 10–12, Mi und Fr 15–17 Uhr).

Eine Oase der Ruhe und Besinnung inmitten des geschäftigen Treibens der Neustadt bildet der von alten Bäumen und stattlichen Bürgerhäusern umgebene Martin-Luther-Platz.

Café Neustadt, Bautzner Str. 63 Tel. 8 99 66 49. Das Café in einem schön restaurierten Eckhaus wird auch von vielen Einheimischen frequentiert. Sporadisch gibt es hier auch Ausstellungen. ○○

In der engen **Böhmischen Straße** sind einige Häuser schon saniert, manche im Bau und andere noch marode.

In der sanierten Nr. 30 vermittelt das Themenlokal **Oscar, die Filmkneipe** (Tel. 8 02 94 40) echtes Hollywood-Flair: An den Wänden hängen Filmplakate aus aller Welt, Projektoren und Studiolampen. Fast 2000 Videofilme werden hier zum Verleih angeboten. Donnerstags 22 Uhr werden Filme gezeigt.

Wo die Böhmische auf die Rothenburger Straße trifft, steht an der Ecke die **Familieneinkehr Hebeda,** eine der letzten Arbeiter-Eckkneipen in dieser Gegend. Früher trafen sich hier die Leute aus dem Kiez mit Kind und Kegel zum Schwatz. Auch heute begrüßen sich die Stammgäste noch mit Handschlag und diskutieren die Ergebnisse des letzten Pferderennens. Bier und Schnitzel kosten im »sozialistischen« Ambiente nur etwa die Hälfte von dem, was in den umliegenden Szenelokalen genommen wird – Happy hour forever (Mi/Do sind Ruhetage).

In neuem Glanz erstrahlt am Ende der Böhmischen Straße die älteste Weinhandlung der Neustadt, eine ehemalige Destille und Schlächterei, deren Ladeneinrichtung noch aus den 1920er Jahren stammt. Nach wenigen Schritten ist man wieder am Albertplatz, wo für einen richtigen Alaunviertel-Bewohner die Welt zu Ende ist.

Weg 5

Rund um den Großen Garten

Gläserne Manufaktur → Botanischer Garten → Carolasee → Gartenpalais → Deutsches Hygiene-Museum

Was der Englische Garten für die Münchner und der Prater für die Wiener, ist der Große Garten für die Dresdner: eine grüne Oase mitten in der Stadt, wo man spaziert, radelt, sich sonnt, faulenzt oder flirtet. Eine Parkeisenbahn dampft durch den einstigen Lustgarten der Wettiner und bringt die Fahrgäste zum Zoo und zum Carolasee. Von dort führt der Spazierweg hin zum barocken Gartenpalais, das von Blumenbeeten und idyllisch angelegten Teichen umrahmt ist. Ganz in der Nähe liegt das Deutsche Hygiene-Museum, das 1930 mit seiner »Gläsernen Frau« in der ganzen Welt Aufsehen erregte. Drei bis vier Stunden sollten schon für den Rundgang eingeplant werden.

Von der Altstadt gelangt man mit der Straßenbahn zum Straßburger Platz. Kurz vor 1900 wurde hier der Ausstellungspalast eröffnet, in dem 1911 die »Internationale Hygiene-Ausstellung« stattfand. Sie gab den Anstoß zum Bau des Deutschen Hygiene-Museums (s. S. 80).

Auf dem Gelände des 1945 ausgebombten Ausstellungspalasts wurde 1969 die Dresdner Messe neu gebaut. Nach dem Umzug der Messe ins Ostragehege wurden die Hallen abgerissen.

Gläserne Manufaktur ㊶

Seit April 2000 präsentieren sich auf dem Gelände die Gebäude der Gläsernen Manufaktur des Volkswagenwerks – 22 m hoch, 150 m lang, L-förmig angelegt mit einem 40 m hohen Glasturm. Seit Juni 2002 werden täglich u.a. bis zu 150 Exemplare des neuen Luxuswagens »Phaeton« gefertigt. Als Weltnovum erfolgt die Fahrzeugmontage auf mehreren Etagen. Von der Straße, aber auch vom Gourmet-Restaurant »Lesage« aus, das zum Komplex gehört, kann man zusehen.

Die Anlieferung der Produktionsteile besorgt die umweltfreundliche Güterstraßenbahn. Die Besichtigung ist nur nach Terminvereinbarung unter der Nummer 0 18 05 89 62 68 möglich; www.glaesernemanufaktur.de. Die Dresden-Aufenthalte für Phaeton-Kunden organisiert Saxonia Touristik, Tel. 81 05 09 26.

5

Seite 62

Botanischer Garten ㊷

Als der Botanische Garten nahe der Brühlschen Terrasse wegen Platzmangels zumachen musste, zogen die Pflanzenforscher in das 1889–1892 angelegte Gelände um. Auf mehr als 3 ha Grundfläche sind ca. 9000 Pflanzenarten beheimatet. In vier **Schauhäusern** gedeihen Gewächse aus tropischen und subtropischen Gebieten, darunter auch die im Juni blühende Kakteenart »Königin der Nacht«. Sie beeindruckt mit ihren großen, abends geöffneten, morgens geschlossenen Blüten. Auch das schön angelegte Freigelände lohnt den Besuch (April–Sept. 8–18 Uhr, Gewächshäuser 10–18 Uhr, Okt. und März 10–17, Nov. und Febr. 10–16 Uhr, im Dez. und Jan. von 10–15.30 Uhr; Eintritt frei).

77

Großer Garten

Heimatliche Pflanzen und viel erholsames Grün bietet der Große Garten. Er wurde Ende des 17. Jhs. im französischen Stil als Lustgarten für Spiele, Theateraufführungen und Jagdgelage der Hofgesellschaft angelegt. In der zweiten Hälfte des 18. Jhs. hatten Englische Gärten Konjunktur, und man gestaltete auch den Großen Garten zum Landschaftsgarten um.

Der Große Garten ist mit 2 km Länge und 1 km Breite der größte Park der Stadt. Seit den 1930er-Jahren existiert die **Parkeisenbahn,** mit der man die Besichtigung bequem gestalten kann. Gezogen von einer fauchenden grünen Minidampflok, Baujahr 1925, oder einer der moderneren Elektroloks rattert man durch den Park, vorbei an alten Buchen und saftigen Liegewiesen mit reichlich Gänseblümchen. Für seine 5,6 km lange Runde braucht der Liliputzug eine halbe Stunde (Abfahrt alle 15 bis 30 Minuten). Aus- und einsteigen kann man in jedem der fünf über den Park verstreuten Bahnhöfe. (Mai bis Sept. tgl. 10–18 Uhr, April und Okt. Mo–Fr 13–17, Sa und So 10–17 Uhr; Info unter Tel. 4 45 67 95, www.liliputbahn.de).

Im Großen Garten, einem echten Volkspark, finden jedes Jahr im Sommer kulturelle Veranstaltungen statt, z. B. die Konzerte und Filmvorführungen der Freilichtbühne »Junge Garde«, die in den 1950er-Jahren in der Südostecke des Gartens erbaut wurde. Höhepunkt ist das Internationale Dixieland-Festival im Mai – eine Gelegenheit, um Dresdner Temperament einmal so richtig live einzusaugen.

Zoologischer Garten ㊷

Rund 400 Tierarten sind im viertältesten Zoo Deutschlands zu sehen (gegründet 1861). Dresden ist bekannt

Die Parkeisenbahn lädt zur Rundfahrt

für seine vielen Affen und Menschenaffen, die Orang-Utans z.B., die hier mit echtem Spielzeug spielen. Weitere Attraktionen sind das Raubtierhaus, die riesige Vogelvoliere und das moderne Afrikahaus mit Elefanten und Savannenlandschaft.

Für Kinder sind das Streichelgehege mit Speisekammer als Tummelplatz für Mäuse, ein Spielplatz, Ponys zum Reiten und im Sommer der Zookasper (Sommer 8.30–18.30 Uhr, Winter 8.30–16.30 Uhr; Tel. 4 78 06 10, www.zoo-dresden.de).

Carolasee ㊹

An seinen Ufern kann man unter den mächtigen Kastanienbäumen spazierengehen und dem Getümmel der Enten auf dem Wasser zusehen. Die blauen Ruderboote des Verleihers (März bis Mitte Okt. zu mieten) setzen fröhliche Farbtupfer. Wer nicht selbst in See stechen möchte, schaut vom kleinen Biergarten aus zu. Das Carolaschlösschen, ehemals eines der beliebtesten Ausflugsrestaurants Dresdens in schöner Lage am See,

5

Seite 62

wurde nach aufwändigem Wiederaufbau 1999 neu eröffnet.

Gartenpalais ㊸

Vom Ufer des Carolasees gelangt man in die schnurgerade Querallee, wo rechts schon bald das Gartenpalais sichtbar wird. Der dreigeschossige Bau mit seinem h-förmigen Grundriss wurde von außen in alter Pracht restauriert.

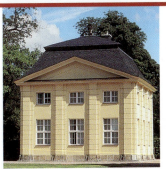

Kavaliershäuschen am Gartenpalais

Das Palais gilt als der früheste Barockbau in Kursachsen und entstand 1678–1683 nach Plänen des Oberlandbaumeisters Johann Georg Starcke. Gegliederte, mit Sandsteinplastiken reich geschmückte Fassaden belegen die Anlehnung an französische Vorbilder. An der Ost- und Westseite führen breite Freitreppen zu den Festsälen hinauf, deren prachtvolle Ausstattung 1945 vollständig vernichtet wurde. Seit einigen Jahren wird das Haus zum Museum umgebaut. Was hier einmal zu sehen sein wird, ist jedoch noch nicht entschieden. In der provisorischen Atmosphäre des Festsaals finden regelmäßig Konzerte statt. Näheres unter Tel. 2 68 52 75, www. palais-grosser-garten.de.

In der Umgebung des Palais stehen fünf kleine Häuschen: Hier wohnen heute die Gärtner, die sich um die Blumenpracht des Großen Gartens kümmern. Ursprünglich waren es acht ebenfalls von Starcke entworfene, so genannte Kavaliershäuser. Sie dienten der barocken Hofgesellschaft für Spiele und Erfrischungen. Rings um das Palais laden weiß gestrichene Holzbänke, umgeben von bunt blühenden Blumenbeeten, zu der einen oder anderen Mußestunde ein.

Skulpturenpark

Rund 1500 Skulpturen aus Sandstein und Marmor zierten im 18. Jh. den Großen Garten. Einige davon sind noch erhalten, z. B. die Üppigkeitsvase an der Südostseite des Palaisteiches. Sie zeigt Szenen aus dem Leben Alexanders des Großen. Der Italiener Antonio Corradini hat sie wie die Kentaurengruppen auf der anderen Seite des Palais 1722 geschaffen.

Die Statuengruppen »Herkules und Busiris« sowie »Herkules und Drache im Garten der Hesperiden« stehen am Ostende der Herkulesallee. Letztere zeigt, wie Herkules im Garten der Hesperiden mit dem Drachen Ladon kämpfen muss, um an die begehrten goldenen Äpfel heranzukommen.

Am Westeingang zur Herkulesallee sind zwei weitere Herkules-Szenen dargestellt; am östlichen Ende der Hauptallee stehen »Venus und Adonis« sowie der Jäger Meleager und seine Geliebte Atalante.

Christuskirche ㊺

Wer genug Zeit hat, kann einen Abstecher zur Christuskirche südlich des Großen Gartens machen. Ihre beiden schlanken, 66 m hohen Türme sind von weitem zu sehen. Errichtet 1903–1905, gilt sie als erste Jugendstilkirche Sachsens. Die Architekten Rudolph Schilling und Julius Gräbner verzichteten auf die bis dahin übliche historisierende Neogotik oder -romanik. Dies zeigt auch die plastische Ausgestaltung des Innenraums.

5

Seite **62**

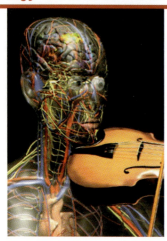

Der »virtuelle Mensch« aus dem Deutschen Hygiene-Museum, der für die Expo 2000 kreiert wurde

Parktheater ㊼

Das Theater wurde als Freilichtbühne angelegt und schon 1719 in Gegenwart Augusts des Starken eröffnet. Die drei Sandsteinskulpturen aus der Werkstatt Balthasar Permosers in der Nähe der Bühne, Dionysos, Satyr und Faun, symbolisieren barocke Sinnenfreude und Lebenslust. Seit ihrer Restaurierung 1969 ist die Anlage mit 600 Plätzen eine beliebte Sommerspielstätte der Dresdner Theater.

Mosaikbrunnen ㊽

Wesentlich jüngeren Datums ist der Mosaikbrunnen nahe der Hauptallee. Der Architekt und ehemalige Dresdner Stadtbaurat Hans Poelzig entwarf ihn für die Gartenbauausstellung 1926. Auf mehreren Etagen sind Tausende bunter Mosaiksteinchen zu farbenfrohen Ornamenten zusammengesetzt.

Auf der Hauptallee schlendert man weiter bis zum Westausgang des Großen Gartens. Ihn markieren zwei Riesenvasen mit allegorischen Darstellungen der vier Elemente und der damals bekannten vier Kontinente.

Torwirtschaft Großer Garten, Lennéstr. 11, Tel. 4 59 52 02. Traditionsreiche, 1998 nach Originalplänen wieder aufgebaute Gartenwirtschaft am Nordwesteingang zum Großen Garten gegenüber dem Rudolf-Harbig-Stadion. Keine Frage – der von dem Münchner Gastronomen Sepp Krätz geführte Biergarten (750 Plätze) ist der schönste der Stadt. ○

Sportstätten

Von hier aus kann man bereits die vier Flutlichtmasten des **Rudolf-Harbig-Stadions** ㊾ sehen, der traditionsreichen Spielstätte der Fußballer von Dynamo Dresden.

Das **Georg-Arnhold-Bad** mit einem 10-m-Sprungturm neben dem Stadion wurde in den 1920er Jahren angelegt. Drei Viertel der Baukosten trug der Bankier Georg Arnhold, der nach der Flucht aus Deutschland sein Dresdner Bankhaus ab 1938 in New York führte. Auch das Freibad wurde gründlich verjüngt und modernisiert. (Mitte Mai bis Mitte Sept. tgl. 9–20 Uhr.)

Deutsches Hygiene-Museum ㊿

Die monumentale vierflügelige Anlage des Deutschen Hygiene-Museums, die von 1928 bis 1930 nach Plänen des Architekten Wilhelm Kreis errichtet wurde, verfügt neben den Ausstellungsräumen auch über mehrere Kongresssäle sowie über umfangreiche Werkstätten und Arbeitsräume. Hier ist das wichtigste Forschungs- und Bildungszentrum zur Gesundheitserziehung in Sachsen untergebracht.

Glanzpunkt des 1930 eröffneten Museums war von Anfang an die »Gläserne Frau« in der Ausstellung »Der

5

Seite 62

Mensch«, die Einblicke in den Bau des menschlichen Körpers bietet. Auch die anderen Abteilungen sind sehenswert, zeigen sich aber wegen der Generalsanierung des Hauses vorübergehend verkleinert. Ab Februar 2004 wird der erste Teil der neuen ständigen Ausstellung des »Museums des Menschen« zu sehen sein. Essen und Trinken, Geburt und Tod sowie Sexualität sind nur einige der Themenbereiche, die in lebendiger und anschauli-

cher Weise von dieser Ausstellung in Szene gesetzt werden (Di–Fr 9–17, Sa, So 10–18 Uhr, Tel. 4 84 60, www.dhmd.de.

Nach dem Besuch der Museumsausstellungen laden der liebevoll gestaltete Museumsgarten und der Blüherpark zum Verschnaufen ein. Einst lockte hier das »Zinsendorf«, ein beliebtes Vergnügungslokal mit einem schattigen Biergarten. Doch das ist jetzt schon über 100 Jahre her ...

Der Gläserne Mensch

Die Idee stammte von Mundwasser-Fabrikant und »Odol«-Erfinder Karl August Lingner, der einen Ort schaffen wollte, wo »jedermann sich durch Anschauung Kenntnisse erwerben kann, die ihn zu einer vernünftigen und gesundheitsfördernden Lebensführung befähigen«. Solcherlei Wissen war in den stickigen deutschen Mietskasernen um 1900 nicht weit verbreitet. Die 1. Internationale Hygiene-Ausstellung, die 1911 nach Lingners Konzeption in Dresden stattfand, entsprang einem allgemeinen Aufklärungsbedürfnis: Sie zog in drei Monaten mehr als fünf Millionen Besucher an. Dieser Erfolg führte zum Bau des Deutschen Hygiene-Museums.

Als es am 16. Mai 1930 seine Pforten öffnete, konnte es mit einer Weltsensation aufwarten: einem gläsernen Menschen. An der lebensgroßen, durchsichtigen Figur eines Mannes hatte Chefpräparator Franz Tschackert zwei Jahre getüftelt und zwölf Kilometer Kupferdraht verarbeitet, um Blutgefäße und Nervenbahnen sichtbar zu

machen. 40 Lämpchen beleuchteten auf Knopfdruck das technische Wunderwerk von innen. Die Hülle des gläsernen Menschen bestand zwar nicht aus Glas, sondern aus Kunststoff, entscheidend aber war, dass sie medizinischen Laien Einblicke in das eigene Innenleben gewährte. Erstmals konnte man hier den Bau und die Funktionen des Körpers und seiner Organe »durchschauen«.

Aufsehen erregte der gläserne Mensch auf Ausstellungen in aller Welt. Nach Amerika wurde eine gläserne Frau geliefert, die inzwischen im Museum für Medizingeschichte in St. Louis steht. Noch heute gelten gläserne Menschen als Exportschlager: In mehrmonatiger Handarbeit werden sie in Dresden hergestellt, zum Stückpreis von über 30 000 €. Im Deutschen Hygiene-Museum ist eine gläserne Frau als Teil der Dauerschau »Der Mensch« zu sehen. Auch auf der Expo 2000 in Hannover wurde der gläserne Mensch präsentiert – zeitgemäß ergänzt durch einen digitalen Menschen.

5

Seite
62

Weißer Hirsch und Elbidylle

Schloss Albrechtsberg → Weißer Hirsch → Loschwitz → Schillerplatz

Ist der Heißhunger auf Kunst und Kultur fürs Erste gestillt, empfiehlt sich ein Ausflug zu den malerischen Villenorten Weißer Hirsch und Loschwitz an den Hängen der Elbe. Zwar ist der Glanz des Weißen Hirsch als mondäner Kurort verblasst, doch seine reizvolle Lage hoch über dem Fluss lohnt noch immer einen Besuch. Aus der Innenstadt fährt man bequem mit der Straßenbahn hinauf; unterwegs bietet sich ein Abstecher zu den drei Elbschlössern an. Hinunter ins alte Winzer- und Künstlerdorf Loschwitz rollt die hundertjährige, originalgetreu restaurierte Standseilbahn. Mit dem Dampfer geht es unterm Blauen Wunder, der filigran gearbeiteten Stahlbrücke, hindurch zurück in die Stadt. Einen ganzen Tag und schönes Wetter sollte man für den Ausflug zur Verfügung haben.

In die Dresdner Heide

Am **Postplatz** oder **Albertplatz** steigt man in die Straßenbahn Linie 11 Richtung Bühlau. Kurz darauf öffnet sich der Blick zur Elbe mit ihren breiten Wiesen und Hängen im Hintergrund.

Auf der linken Straßenseite am Hang thront das **Brauhaus am Waldschlösschen,** eine der besten Dresdner Hausbrauereien. Bayerische Küche, große, sonnige Terrasse mit Elbblick. Sonntags Weißbiertag, montags Studententag. Tgl. außer So Livemusik (Tel. 81 19 90). ○○

Der Fluss verschwindet gleich wieder hinter einer mit Graffiti übersäten Mauer, die die Gebäude der Dresdner Stasi-Zentrale verbarg. Gegenüber hatte in einer braunen Villa (Angelikastr.) der KGB seine Räume, 1984–1989 Arbeitsstelle Vladimir Putins. Nach der Haltestelle Wilhelminenstraße taucht die Bahn in schattigen Wald ein.

Dresdner Heide

Hier beginnt die Dresdner Heide, das größte Naherholungsgebiet der Stadt. Die sternförmigen Wege durch den Mischwald stammen z. T. noch aus der Zeit Augusts des Starken, der hier zu jagen pflegte. Der abwechslungsreiche Wald mit Dünen, Bächen und sogar einem Wasserfall lässt schnell die Nähe der Stadt vergessen.

Schloss Albrechtsberg ⑤①

Schloss Albrechtsberg baute sich 1851 bis 1854 Prinz Albrecht von Preußen. Jetzt gehört das spätklassizistische Schloss der Stadt Dresden. Sonntags wird um 16 Uhr in den prunkvollen **Kronensaal** unter einen venezianischen Glaslüster mit 80 Kerzen zum Schlosskonzert geladen. Bei Führungen kann man auch den reich stuckierten **Spiegelsaal** mit eichenholzgetäfelten Wänden und den **Gartensaal** bestaunen, wo farbenfrohe Wandmalereien die Lieblingsorte des Prinzen zeigen: Kairo, Konstantinopel, Meran und Neapel. (Führungen sind So/Fei 11–14 Uhr stündlich, Tel. 81 15 80.)

Villa Stockhausen ⑤②

Die 1853 für den Kammerherrn des Prinzen Albrecht, Baron von Stockhausen, errichtete Villa bewohnte 1906 bis 1916 Karl August Lingner. Lingner war mit dem Mundwasser »Odol« reich geworden, das er mit einem großen Werbefeldzug – er ließ Luftschiffe mit der Aufschrift »Odol« starten – unters Volk gebracht hatte. Das auch »Lingner-Schloss« genannte Bauwerk steht derzeit leer.

Schloss Eckberg ⑤③

Das Schloss ließ sich der Dresdner Großkaufmann John Daniel Souchay 1859–1861 von Semper-Schüler Christian Friedrich Arnold im neogotischen Stil bauen. Der Sandsteinbau wird von einem 25 m hohen Aussichtsturm überragt. Im Jahr 1925 erwarb der Zahnpasta-König (»Chlorodont«) Ottomar Heinsius von Mayenburg das Schloss, dessen Erben es unlängst zurückerhielten. Es beherbergt ein First-Class-Hotel mit Gourmet-Restaurant, das eine wunderschöne Aussicht auf das Elbtal bietet, Tel. 8 09 90. ○○

Mordgrundbrücke

In einer steilen Kurve überquert die Straßenbahn die Mordgrundbrücke, Der Name geht angeblich auf das 13. Jh. zurück: Elsbeth von Clomen, gegen ihren Willen verheiratet mit dem Grafen Kinsky, stiftete ihren Geliebten, Benno von Birken, zum

⑤① Schloss Albrechtsberg
⑤② Villa Stockhausen (Lingner-Schloss)
⑤③ Schloss Eckberg
⑤④ Lahmanns Sanatorium
⑤⑤ Konzertplatz
⑤⑥ Villa Abendstern
⑤⑦ Villa Bismarck
⑤⑧ Villa Elbblick
⑤⑨ Forschungsinstitut Manfred von Ardenne

⑥⓪ Aussichtsrestaurant Luisenhof
⑥① Standseilbahn
⑥② Loschwitzer Kirche
⑥③ Leonardi-Museum
⑥④ Schillerhäuschen
⑥⑤ Friedrich-Wieck-Straße
⑥⑥ Alte Feuerwache
⑥⑦ Fährhaus
⑥⑧ Blaues Wunder
⑥⑨ Schillerplatz

6

Seite **83**

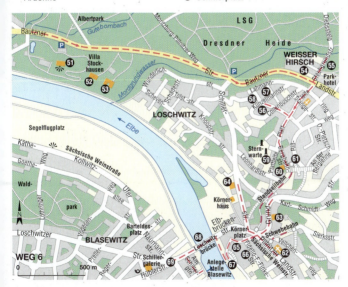

Mord an ihrem Gatten an. Nach vollbrachter Bluttat stieß sie sich selbst den Dolch in die Brust, und Benno folgte ihr in den Tod.

Villenviertel Weißer Hirsch

An der Haltestelle Plattleite beginnt das exklusive Villenviertel Weißer Hirsch, das sich gut zu Fuß erkunden lässt. Ein weißer Hirsch über der Tür eines Hauses an der Bautzner Landstraße erinnert an den Gasthof, der der Siedlung seinen Namen gab.

Schloss Eckberg am Elbehochufer

Lahmanns Sanatorium ⑭

Die maroden Reste des Sanatoriums an der Ecke Stechgrundstraße, jenes noblen Kurbades, das dem Weißen Hirsch zu Weltruhm verhalf, zeigen drastisch, dass die Zeiten, in denen der Kurort ein mondäner Gesellschaftstreff war, vorbei sind.

Parkhotel

Auch das altehrwürdige Parkhotel auf der anderen Seite der Stechgrundstraße erwacht nur langsam aus dem Dornröschenschlaf. 1914 eröffnet, war es bis 1940 das erste Haus im Kurbezirk. Der blaue Salon und der renovierte Ballsaal sind eine beliebte Party-Lo-

---

Zur Kur bei Dr. Lahmann

1888 übernahm der junge Arzt und Naturheilkundler Dr. Heinrich Lahmann das in Konkurs gegangene »Fridabad« auf dem Weißen Hirsch und baute es nach seinen Vorstellungen aus. Er ergänzte die Behandlung mit dem eisenhaltigen Wasser der Dresdner Heide, das seit 1873 die Grundlage für den Kurort-Status des Weißen Hirsch bildete, durch neue Heilverfahren.

Seine Erfolge, die sich schnell herumsprachen, beruhten auf gesunder Ernährung: Auf der Speisekarte standen Schwarzwurzelauflauf, Grünkernsuppe, Gemüseschnitte und andere vegetarische Leckereien, die bei geöffnetem Fenster verzehrt wurden. Gemüse, Milch und Käse kamen vom Gut Heinrichsthal bei Radeberg, das Lahmann zur Versorgung seiner Kurgäste gekauft hatte. Gymnastik im Freien, Massagen sowie »Licht- und Luftbäder« taten ein Übriges.

Die Patienten schliefen in »Lufthütten« am Waldrand, die auf einer Seite offen und nur mit einem Leinenvorhang abgeschirmt waren.

Lahmanns Sanatorium bot auch Möglichkeiten für interessante gesellschaftliche Kontakte: 1903 wurde Franz Kafka hier behandelt, drei Jahre später besuchte Thomas Mann den Weißen Hirsch, »um mich ein wenig zu pflegen und wenn ... der Geist über mich käme, auch wohl zu arbeiten«. Auch sein Verleger Samuel Fischer gehörte zu den Stammgästen.

Im Zweiten Weltkrieg diente das Sanatorium als Lazarett, 1945 wurde es von der Roten Armee übernommen, die es 1991 in reichlich verwahrlostem Zustand zurückließ. Potenzielle Investoren schrecken vor den immensen Sanierungskosten für die denkmalgeschützte Anlage zurück.

6

Seite
83

Fachwerkhäuser in Loschwitz

cation. Auch das Zwinger-Trio mit dem Kabarettisten Tom Pauls alias Ilse Bähnert tritt hier auf.

Einladend wirken wieder das ehemalige **Kurhaus** mit einem kleinen Einkaufszentrum und dem Platz dahinter.

Konzertplatz ㊿
Der herrlich gelegene Konzertplatz hat bessere Zeiten gesehen: »Auch Japaner und andere Überseegäste lustwandeln im Waldpark, wenn Konzerte flotter Militärkapellen stattfinden«, notierte ein Besucher 1921.

Plattleite
Gegenüber dem Parkhotel beginnt die Plattleite, die mitten ins Villenviertel führt.
   Besonders prächtig sind die **Villa Abendstern** ㊱, die **Villa Bismarck** ㊲ – erbaut um 1900 im damals modischen Schweizerstil – und die Jugendstilvilla **Elbblick** ㊳.

Forschungsinstitut
Manfred von Ardenne ㊴
Der 1907 geborene Baron und technische Autodidakt gilt als Erfinder der Fernsehröhre und arbeitete an der Atombombe der Sowjetunion mit. Ardenne betrieb Krebsforschung und entwickelte die so genannte Sauerstoff-Mehrschritt-Therapie. Der geheimnisumwitterte Erfinder starb 1997 hochbetagt. Das Forschungsinstitut ist nicht zugänglich.

Bergstation der historischen Standseilbahn

Aussichtsrestaurant Luisenhof ㊿
Von der großen Terrasse des beliebten Aussichtsrestaurants genießt man einen grandiosen Panoramablick auf das Elbtal. Die dreistöckige Tiefgarage für 70 Fahrzeuge war vor dem Krieg einzigartig in Europa. Das Restaurant (So 10–14 Uhr Brunch) wurde 1999 wiedereröffnet (Tel. 2 14 99 60).

Standseilbahn ㉛
Gegenüber liegt die Bergstation der Standseilbahn, die 1995, nun mit modernster Sicherheitstechnik versehen, ihren hundertsten Geburtstag feiern konnte. Fünf Minuten dauert die steile Abfahrt in den gelb-weißen Wagen hinunter zum Körnerplatz.
   Das **Maschinenhaus** ist an Wochenenden zu besichtigen. Technisch interessant ist vor allem die Fördermaschine mit zwei Treibscheiben von je 4 m Durchmesser. (Sa/So 10–15 Uhr.)

In Loschwitz

Der **Körnerplatz** gehört schon zu Loschwitz, einem alten Winzerdorf, das später zur idyllischen Sommerfri-

6

Seite
83

sche wohlhabender Dresdner Bürger und Künstler wurde. Viergeschossige Häuserzeilen mit roten Klinkerfassaden sowie Erkern und Türmchen aus Sandstein rahmen den belebten Platz ein. Über das neue Kopfsteinpflaster rollen Autos und Straßenbahnen. Nachdem man sich im gemütlichen Kaffee Wippler an der Ecke Friedrich-Wieck-Straße mit frischem Kuchen gestärkt hat, kann die Entdeckungsreise in die Seitenstraßen losgehen.

An der Pillnitzer Landstraße liegt die Talstation der 1901 in Betrieb genommenen Bergschwebebahn.

Sie gleitet zur Loschwitzhöhe hinauf, die Besucher mit dem Ausflugsrestaurant **Schöne Aussicht** lockt. Sein Name ist etwas irreführend, denn der Blick ist von dichten Bäumen versperrt. Die Küche reicht von sächsisch-deftig bis neudeutsch-gehoben (Tel. 2 68 33 05). ◯◯

Schiller in Dresden

»Was bisher meine heißesten Wünsche erzielten, hab ich nun endlich erlangt«, berichtete Schiller begeistert einem Bekannten. In Leipzig hatte er sich im Frühjahr 1785 mit dem literaturvernarrten Juristen Christian Gottfried Körner angefreundet. Kurzerhand lud dieser den schwäbischen Poeten nach Dresden ein, wo die Körnersche Stadtvilla am Kohlmarkt ein Treffpunkt von Malern und Literaten war. In Loschwitz besaß Körner einen Weinberg mit Wohnhaus und Gartenhäuschen. Dort konnte Schiller frei von quälenden Geldsorgen leben und schreiben. Auch gesundheitlich blühte er auf.

Mit der Fähre ließ er sich gelegentlich hinüber nach Blasewitz rudern. Im Sommerschankhaus an der Elbe, dem heutigen Schillergarten, lernte der junge Dichter die 22-jährige Wirtstochter Justine Segedin kennen. Seine Neigung ließ die Umworbene allerdings unerwidert – was Schiller nicht hinderte, Jahre später einen von Wallensteins Soldaten beim Anblick einer schönen Marketenderin

ausrufen zu lassen: »Was? Der Blitz! Das ist ja die Gustel aus Blasewitz«. Die Angesprochene, inzwischen eine geachtete Dresdner Senatorengattin, soll davon nicht sehr angetan gewesen sein ... Trotzdem avancierte sie im kleinen Blasewitz zur lokalen Kultfigur – Gustels Konterfei zierte fortan Wandteller, Tassen und Ansichtskarten, ja sogar das Rathaus, Sonntagsschreiber widmeten ihr Verse.

Auch Schiller wurde in Dresden nach seinem Tod fleißig verehrt. Anlässlich der Jubelfeiern zu seinem 100. Geburtstag 1859 stiftete Ernst Litfaß aus Berlin, Erfinder der Litfaßsäule und häufiger Kurgast an der Elbe, einen Schillergedenkstein im Garten des Blasewitzer Schankhauses – und seitdem heißt das Lokal Schillergarten. Dass der solcherart gerühmte Dichter seinerzeit schon nach zwei Jahren, 1787, grollend und genervt vom höfischen Standesdünkel, Dresden wieder verlassen hatte und weiter nach Weimar gezogen war, hat man ihm längst gnädig verziehen.

6

Seite **83**

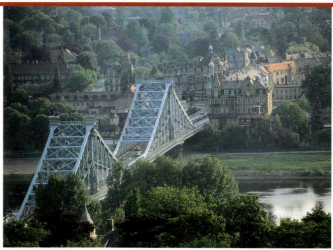

»Das Blaue Wunder«: Die Stahlkonstruktion (140 m) überspannt seit 1893 die Elbe

6

Seite **83**

Loschwitzer Kirche ⑫

Einige Schritte weiter steht – wegen der Hochwassergefahr durch die nahe Elbe etwas erhöht – die Loschwitzer Kirche. An ihrer Errichtung 1705–1708 war George Bähr beteiligt. Wegen seiner Kuppelform mutet das kleine achteckige Gotteshaus wie ein Modell für Bährs Meisterwerk an. Vor wenigen Jahren wurde die 1945 zerstörte Kirche originalgetreu wiedererrichtet.

Leonardi-Museum ⑬

Der Landschaftsmaler und Ludwig-Richter-Schüler Eduard Leonardi kaufte 1879 eine stillgelegte Mühle und machte daraus ein mit Ornamenten und Sprüchen verziertes Atelierhaus. Heute ist in dem frisch sanierten, farbenprächtigen Gebäude eine städtische Galerie mit Wechselausstellungen untergebracht (Grundstraße 26, Tel. 2 68 35 13).

Schillerhäuschen ⑭

Nahe dem Körnerplatz steht das kleine Haus (s. S. 87), in dem Friedrich Schiller seinen »Don Carlos« und die Ode »An die Freude« schrieb. Das Weinberghäuschen in der Schillerstr. 19 ist derzeit nicht zugänglich.

Friedrich-Wieck-Straße ⑮

Sie ist die schönste und wohl interessanteste Straße von Loschwitz mit originellen Geschäften. Benannt wurde sie nach dem Vater der Pianistin Clara Schumann, der ab 1840 im Haus Nr. 10 wohnte. In die schmalen, spitzgiebeligen Häuser sind u. a. ein Keramikladen, das »BuchHaus Loschwitz«, ein Goldschmied und ein Antiquitätenhändler eingezogen.

Sweetwater, Friedrich-Wieck-Str. 4, Tel. 2 64 12 70. Vor allem Jazz, Secondhand-Platten und Klassik. Die erworbenen Schätze werden auch nach Hause geschickt. Außerdem erscheint regelmäßig ein jazzspezifischer Versandkatalog.

Alte Feuerwache ⑯
und Fährhaus ⑰

In der **Alten Feuerwache** veranstaltet der Kunstverein Loschwitz e. V. Konzerte, Ausstellungen und Lesungen. Vorn am Uferweg steht das alte **Fähr-**

haus aus dem 16. Jh. Die Fähre zwischen Loschwitz und Blasewitz wurde bereits 1471 erwähnt. Die ufernahen Gebäude waren immer vom Hochwasser bedroht. Im Restaurant Körnergarten war der Gastraum 1920 und 2002 mannshoch überflutet.

*Blaues Wunder ⑱

Überflüssig wurde die Fähre erst durch das Blaue Wunder, die 1893 eingeweihte König-Albert-Brücke. Ihren Namen erhielt sie wegen des blaugrünen Anstrichs und der sehr weit auseinandergezogenen Stahlkonstruktion ohne Pfeiler im Fluss – zu seiner Zeit eine bahnbrechende Ingenieursleistung.

In Blasewitz

Auf der Blasewitzer Seite mündet die Brücke in den geschäftigen **Schillerplatz ⑲,** um den sich einige Restaurants und Cafés drängen.

Villa Marie, Tel. 3 11 11 86; feine italienische Küche mit traumhaftem Blick auf das Blaue Wunder und die Loschwitzer Elbhänge. ○○
❚ Das Traditionslokal **Schillergarten** ist seit der Flut 2002 geschlossen.

Am Elbufer lädt eine **Promenade** mit weißen Bänken zum Flanieren und Ausruhen ein. Schwäne und Enten warten darauf, gefüttert zu werden. Wellen schlagend legt der historische Schaufelraddampfer an, auf dem man unter dem Blauen Wunder hindurch zurück in die Stadt schippern kann (Abfahrt ist etwa alle zwei Stunden; Informationen zum Fahrplan unter Tel. 8 66 09 40).

Ausflüge

Auch bei einem Kurzbesuch sollte man sich die Kleinodien der näheren Umgebung Dresdens nicht entgehen lassen: das mittelalterliche Meißen – die »Wiege Sachsens«, mit der berühmten Porzellan-Manufaktur – Karl Mays »Villa Shatterhand« im Weinort Radebeul oder das inmitten einer idyllischen Wald- und Teichlandschaft gelegene Barockschloss Moritzburg. Eine Tagestour mit einem der historischen Schaufelraddampfer nach Pillnitz, dem kurfürstlichen Lustschloss im Osten der Stadt, ist ebenfalls sehr zu empfehlen. Wer mehr Zeit hat, kann sich einen Ausflug ins Hinterland vornehmen: in die bizarre Felsenlandschaft der Sächsischen Schweiz oder zur trutzigen Burg Stolpen, auf der August der Starke die Gräfin Cosel, seine schöne Ex-Mätresse, gefangen hielt.

**Meißen

»Die Albrechtsburg mit dem herrlichen Dom, der Bischofsturm an der Ecke des Berges, der St. Afraberg mit der Klosterkirche und der Fürstenschule senken sich zur Stadt und in das Triebischtal hinab, und das ganze schöne Bild spiegelt sich samt der Brücke in der Elbe«, begeisterte sich der Maler Ludwig Richter, der 1828–1835 Zeichenlehrer an der Königlichen Porzellan-Manufaktur war. Meißen gilt vielen als heimliche Hauptstadt Sachsens, unbestritten ist es aber die Wiege Sachsens: Als am 3. Oktober 1990 der Freistaat Sachsen neu gegründet wurde, geschah das im Festsaal der Meißener Albrechtsburg.

Der Altstadtkern ist leicht auf eigene Faust zu erkunden.

Rund um den Markt

Der Markt ist vom spätgotischen *Rathaus ❶ (1472) mit seinem steilen
Dach und stattlichen Renaissancehäu-
sern mit Spitzportalen gesäumt.

Im **Bennohaus ❷** wohnte Bischof
Benno (1066–1106), der im Inves-
titurstreit zwischen Papst und König
auf Seiten des Papstes stand und deshalb von Heinrich IV. verhaftet wurde.

Zurückgesetzt drängt sich an die
Südwestecke des Marktes die 1457
geweihte **Frauenkirche ❸**. Der Flügel-
altar der gotischen Hallenkirche, geschaffen Ende des 15. Jhs., zeigt auf
dem Mittelschrein die Marienkrönung
und auf der Predella die Grablegung
Christi. Vom trutzigen Turm erklingt
mehrmals täglich ein Porzellanglockenspiel mit Choralmotiven.

Täglich um 17.30 Uhr ist Luthers
»Ein feste Burg ist unser Gott« zu
hören. Vom 57 m hohen Turmumgang
genießt man einen schönen Blick auf
die Altstadt und den Burgberg.

Zur Webergasse und Burgstraße

Hinter der Frauenkirche gelangt man
zum **Bahrmannschen Brauhaus ❹**, in
dem bis um 1900 Bier gebraut wurde.
Mit dem Volutengiebel und prachtvol-
len Portal ist es das schönste Renais-
sance-Bürgerhaus Meißens.

Sehenswert ist links davon auch
der **Alte Ritter** (Webergasse 1), ein
ehemaliges Gasthaus mit einem Renaissanceportal von 1597 und einer
massiven, zweigeteilten Holztür.

Mercure Grand Hotel, Hafenstr.
27, Tel 0 35 21/7 22 5. Übernachten und Speisen mit Blick auf
Dom und Burg. Haupthaus ist die Villa
eines Porzellanfabrikanten. ○○

Gegenüber der Frauenkirche
steht ein malerisches Fachwerkhaus aus dem 17. Jh., in dem das
Weinlokal **Vincenz Richter** Meißener
Rebensaft kredenzt (Mo geschl.,
Tel. 0 35 21/45 32 85. ○○

Im Haus Nr. 27 mit Renaissance-
portal von 1605 hat die Zinngießerei **Rainer Lehmann** ihr Domizil.
In der ältesten noch betriebenen Zinn-
gießerwerkstatt Sachsens kann man
sächsische Bergmannsleuchter und
Zinnsoldaten erstehen (Tel. 45 29 75).

An den romantischen Roten
Stufen liegt das **Café Zieger.**
Hier wird die Meißener »Fummel« ge-
backen, eine luftgefüllte, zerbrechli-
che Teigtasche von der Größe eines
Zweipfundbrotes. ○

❶ Rathaus
❷ Bennohaus
❸ Frauenkirche
❹ Bahrmannsches
　 Brauhaus
❺ Dom
❻ Albrechtsburg
❼ Porzellan-Manufaktur

**Dom **

Von hier steigt man die Schlossstufen hinauf zur Schlossbrücke und betritt durch das neugotische mittlere Burgtor den dreieckigen Domplatz.

Im **Mittelschiff** des Langhauses beeindrucken Höhe und Leichtigkeit der schlanken Pfeiler. Sie vereinigen sich oben zum gotischen Kreuzrippengewölbe. Künstlerisch besonders wertvoll sind die um 1260 geschaffenen, überlebensgroßen Stifterfiguren. Die lichte Fürstenkapelle, die den Dom nach Westen abschließt, war seit 1428 Begräbnisstätte der Wettiner.

Im Nordflügel des **Kreuzgangs** erkennt man die ursprünglichen Kreuzrippengewölbe und ihre mit schönen Pflanzenornamenten reich verzierten Schlusssteine. Hier hängt die große Bronzeglocke, die zum Abschluss jeder Domführung angeschlagen wird. (Dom-Besichtigungen: April–Okt. tgl. 9–18 Uhr, Nov.–März 9–16 Uhr; Tel. o 35 21/45 24 90, Fax 45 38 33.)

Ein Anziehungspunkt ist das Domschatz-Museum mit verborgenen Kostbarkeiten sächsischer Kirchengeschichte (April–Okt. tgl. von 9 bis 18 Uhr, Sa 17.30 Uhr, Nov.–März tgl. 10–16 Uhr).

In die **Domherrenhäuser** an der Südseite des Domplatzes sind kleine Läden eingezogen, die u. a. Holzspielzeug aus dem Erzgebirge anbieten. Haus Nr. 9 beherbergt Meißens ältestes Gasthaus, den »Domkeller«. Von hier und dem benachbarten Burgkeller bietet sich ein herrlicher Blick auf die roten Ziegeldächer der Meißener Altstadt. Das Kornhaus an der Nordseite diente zunächst als Wirtschaftsgebäude, später als Wohnhaus.

**Albrechtsburg **

Errichtet ab 1471 nach Plänen des sächsischen Oberlandbaumeisters Arnold von Westfalen, zählt sie zu den

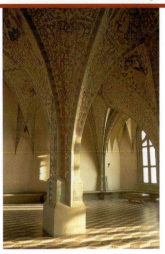

Großer Gerichtssaal in der Albrechtsburg

bedeutendsten spätgotischen Profanbauten Deutschlands. Spektakulär war der Treppenturm, der **Große Wendelstein.** Statt die übliche massive Spindel zu verwenden, wurde eine Konstruktion mit drei filigran gestalteten Sandsteinsäulen verwirklicht.

Großformatige **Wandgemälde** von Dresdner Malern aus dem 19. Jh. stellen die Geschichte des Hauses Wettin und Szenen aus dem Leben von Herzog Albrecht dar. Das neobarock ausgestattete **Böttger-Zimmer** im zweiten Obergeschoss ist einem Erfinder des europäischen Hartporzellans, Johann Friedrich Böttger, gewidmet (s. S. 53). Auf Wandgemälden sieht man Böttger im Labor und bei der Vorführung der Erfindung vor August dem Starken (März bis Okt. tgl. 10–18 Uhr, Nov. bis Febr. 10–17 Uhr; Tel. o 35 21/47 07 10, Fax 47 07 11).

*Staatliche Porzellan-Manufaktur Meissen

Vor der Abfahrt aus Meißen sollte man die etwas außerhalb des Stadtkerns angesiedelte Porzellan-Manufaktur besuchen. Die Schauhalle (seit 1916)

Schloss Moritzburg, heute Museum, liegt in reizvoller Landschaft

ist der öffentlich zugängliche Teil des Museumsbestandes, der über 20 000 Porzellane umfasst. Alljährlich werden etwa 3000 Exponate für die Ausstellung ausgewählt. Die Herstellung des Meissener Porzellans können die Besucher in der angeschlossenen Schauwerkstatt miterleben (Mai bis Okt. tgl. 9–18 Uhr; Nov. bis April 9–17 Uhr; Tel. 0 35 21/46 82 08, Fax 46 88 04, www.meissen.de).

Tourist-Information Meißen GmbH, Markt 3, 01662 Meißen, Tel. 0 35 21/41 94 0, Fax 41 94 16, www.touristinfo-meissen.de

**Moritzburg

Das beliebte Ausflugsziel 14 km nordwestlich von Dresden ist mit dem Linienbus oder dem Auto zu erreichen. Wer es sich zeitlich leisten kann, sollte mit der S-Bahn (S 1 Richtung Meißen) bis Radebeul-Ost fahren und dort in den »Lößnitzdackel« umsteigen. Die nostalgische grüne Schmalspurbahn aus dem Jahr 1884 verkehrt etwa alle zwei Stunden und dampft gemächlich

schnaufend durch den engen Lößnitzgrund ins Moritzburger Wald- und Teichgebiet (Fahrzeit ca. 30 Min.).

Tipp Am Bahnhof Moritzburg kann man Fahrräder mieten oder sich per Pferdekutsche stilgerecht zum Schloss bringen lassen (Infos: Traditionsbahn Radebeul, Tel. 03 51/46 14 80 01, Fax /46 14 80 41, www.trr.de).

Die Schlossallee führt durch das Dorf und schnurgerade auf das ocker und weiß gestrichene Jagdschloss zu, das sich mit seinem roten Dach und den mächtigen runden Ecktürmen fotogen im Wasser des Schlossteichs spiegelt.

Das Schloss

In der wildreichen Waldgegend gingen die Wettiner schon im 16. Jh. auf die Jagd. Kurfürst Moritz ließ deshalb hier 1542–1546 ein Jagdhaus im Renaissancestil bauen, die nach ihm benannte Moritzburg. August der Starke und sein Hofarchitekt Matthäus Daniel Pöppelmann machten daraus 1723 bis 1736 ein quadratisch-symmetrisches Barockschloss mit vier Rundtürmen und vergrößerten den Teich, in dem schon seine Vorgänger Karpfen für die kurfürstliche Tafel gezogen hatten. Auf allen vier Seiten wird das Jagd-schloss von kleinen **Kavaliershäus-chen** bewacht. Das rechte auf der Nordseite beherbergt eine Galerie.

Das **Schlossinnere** ist im Original-zustand erhalten: Barockmöbel, kost-bares Porzellan, Gemälde und Kut-schen aus dem 18. Jh. vermitteln einen lebendigen Eindruck von der säch-sisch-barocken Lebensart. Ein Juwel ist die mit farbigen Jagdmotiven be-malte Ledertapete im Audienzsaal.

Nach 50 Jahren wieder zu sehen: Das Federzimmer Augusts des Star-ken (Sondereintritt). Wer im Sommer nach Moritzburg kommt, kann sich bei einem Schlosskonzert phantasievoll in die Zeit der prunkvollen Hofgesell-schaften zurückträumen (Apr. bis Okt. tgl. 9–17.30, letzter Einlass 17 Uhr, Nov.–Dez. und Febr.–März Di–So 10–16 Uhr stündlich Führungen, im Januar nur Sa/So; Schloss Moritzburg, Tel. 03 52 07/87 30, Fax 8 73 11, www.moritzburg.de).

Fasanenschlösschen

Dem Zeitgeist des Rokoko entspre-chend ließ sich Friedrich August III.

1769–1782 im angrenzenden Wald das intime, zierlich wirkende Fasanen-schlösschen errichten, das außen mit Chinoiserien und innen mit Stuck-decken geschmückt ist. Das Dach krönt ein ungewöhnliches Figuren-paar: ein wohlgenährter Mandarin im Schneidersitz und ein dunkelhäutiger Knabe im blauen Kittel. Während ihrer Restaurierung nahm ein Weißstorch vorübergehend ihren Platz ein. Be-sichtigung nur nach Voranmeldung in Schloss Moritzburg.

Am Großteich

Am Ufer des nahe gelegenen Groß-teichs reibt man sich erstaunt die Augen: Wie kommen die Mole und der Leuchtturm hierher? Man muss sich die Vergnügungslust des Dresdner Adels vergegenwärtigen: Sie dienten als Kulisse, wenn zur Belustigung der Hofgesellschaft auf dem Teich wilde Seeschlachten zwischen nachgebau-ten Holzfregatten inszeniert wurden.

Wildgehege

Nicht weit vom Fasanenschlösschen, an der Straße nach Radeberg, er-streckt sich das 40 ha große Wildge-hege. In dem ganzjährig geöffneten Areal kann man mehr als 30 heimische Tierarten unter naturnahen Bedingun-gen erleben und beobachten, darun-ter Füchse, Wölfe und Eulen. Angelegt wurde das Gehege Ende des 17. Jhs., allerdings für die Jagd (März bis Okt. tgl. 10–18 Uhr, Nov./Dez. tgl. 9–16 Uhr, Jan./Febr. nur Sa und So 9–16 Uhr; 03 52 07/8 14 88).

Landgestüt Moritzburg

Zur herrschaftlichen Jagd gehörten natürlich auch Pferde, die in Ställen am Schloss gehalten wurden. 1828 ging aus ihnen das Sächsische Land-stallamt hervor, das seitdem für die Pferdezucht zuständig ist. Sein 100.

Die Brücke

Anfang des 20. Jahrhunderts entdeckten die Künstler die reizvolle Gegend vor den Toren Dresdens. Aufsehen erregten um 1910 die »Brücke«-Maler Karl Schmidt-Rottluff, Max Pechstein und ihre Freunde: Sie zogen mit ihren Modellen in die Moritzbur-ger Wald- und Teichlandschaft, um dort in freier Natur Aktbilder zu malen.

Geburtstag 1928 wurde mit einer Hengstparade gefeiert, die heute alljährlich an drei Sonntagen im September wiederholt wird – der Höhepunkt des Moritzburger Festkalenders. Zehntausende Zuschauer erleben edle Hengste und Haflinger bei Dressuren, Rennen und Spielen. (Infos: Landgestüt Moritzburg, Tel./Fax 03 52 07/ 8 14 07, 8 17 75.)

Käthe-Kollwitz-Gedenkstätte

Der kunstsinnige Prinz Ernst Heinrich von Sachsen lud die Grafikerin und Bildhauerin ein, als sie 1944 in Berlin bei einem Bombenangriff ihre Wohnung verloren hatte. Käthe Kollwitz starb im April 1945. In ihrem letzten Wohnhaus, dem Rüdenhof, hat man ihr zu Ehren 1995 eine Gedenkstätte eingerichtet. (Infos: Käthe-Kollwitz-Gedenkstätte, Meißener Str. 7, 01468 Moritzburg, Tel. 03 52 07/8 28 18.)

i **Moritzburg Tourist-Information,** Schlossallee 3 b, 01468 Moritzburg, Tel. 03 52 07/85 40, Fax 8 54 20, www.moritzburg.de.

Radebeul

Landschaft, Weinberge und das milde Klima haben Radebeul, das sich im Nordwesten an Dresden anschließt, die Bezeichnung »sächsisches Nizza« eingebracht. Wohlhabende Beamte, Fabrikanten und Künstler ließen sich im 19. Jh. in Kötzschenbroda und umliegenden Gemeinden Villen bauen.

Villa Shatterhand

Von 1896 bis zu seinem Tod 1912 lebte hier der Erfolgsschriftsteller Karl May, der Schöpfer von Winnetou, Old Shatterhand, Hadschi Halef Omar und Kara Ben Nemsi. Sein Wohnhaus, das er von den ersten Bestsellerhonoraren

gekauft hatte, nannte er Villa Shatterhand. In der Ausstellung zu Leben und Werk Karl Mays, der zu den meistgelesenen deutschen Autoren gehört, werden u. a. die legendären Waffen seiner Phantasiehelden gezeigt: die »Silberbüchse«, der »Bärentöter« und der »Henrystutzen«.

1994 erwarb das Museum auch den Schreibtisch und die wertvolle Bibliothek des »Großmystikers« (Arno Schmidt), die man jetzt im Arbeits- und Empfangszimmer bewundern kann. Die großformatigen Bilder stammen von Mays Freund, dem Jugendstilkünstler Sascha Schneider, der auch für die ersten Buchausgaben Mays die Illustrationen lieferte.

Im Garten steht die **Villa Bärenfett,** ein stilecht nachgebautes Blockhaus. Kleidung, Waffen, Schmuck, Fotos, Gemälde sowie lebensgroße Nachbildungen nordamerikanischer Indianer werden gezeigt. Diese Sammlung trug der mit Karl May befreundete Wiener Artist Patti Frank bei seinen Amerika-Gastspielen zusammen und verkaufte sie 1925 an die May-Witwe Klara (März bis Okt. Di–So 9–18 Uhr, Nov. bis Febr. Di–So 10–16 Uhr, Tel. 03 51/8 37 30-0, Fax 8 37 30 55.)

Karl-May-Fest

Anfang Juni findet alljährlich in Radebeul das Karl-May-Fest statt. Schauplatz ist der Lößnitzgrund mit seinen Schluchten und Felsen, durch den – als »Santa-Fé-Express« – die Schmalspurbahn dampft. Indianer schlagen ihre Tipis auf, Cowboys schwingen das Lasso, und ein orientalischer Basar lockt mit exotischen Düften und Klängen.

Karl Mays Grab, noch immer das Pilgerziel vieler Verehrer, liegt unübersehbar auf dem Friedhof Radebeul-Ost in einem der griechischen Siegesgöttin Nike geweihten Tempel.

Echter Indianer – beobachtet beim Karl-May-Fest in Radebeul

Tipp An den Hängen der Lößnitz wird seit Jahrhunderten Wein angebaut. Probieren kann man ihn im **Weingut Hoflößnitz** Knohlweg 37, 01445 Radebeul. Ein Museum informiert über den Weinbau in der Gegend (Di–Fr, So 14–18 Uhr, Sa 10–18 Uhr; Tel. 03 51/8 39 83 33, www.hofloessnitz.de).

in der **Schoppenstube Hoflößnitz** nebenan sollte man die edlen Tropfen der Hoflößnitz bei guter Küche genießen (ab 17 Uhr, Sa/So ab 12 Uhr, Tel. 03 51/8 39 83 55. ○○○

Spitzhaus – *Schloss Wackerbarth
Nicht weit von hier führt die »Himmelsleiter«, die mit 365 Stufen längste Treppe Sachsens, zum **Spitzhaus** hinauf. Es lag ideal für die Zusammenkünfte der Besitzerin, Gräfin Cosel, mit August dem Starken.

Auf dem schönen Aussichtspunkt kann man im **Spitzhaus**, einem noblen Ausflugsrestaurant gepflegt essen gehen (Spitzhausstr. 36, Tel. 03 51/8 30 93 05). ○○○

Auf der Straße nach Meißen erreicht man das **Barockschloss Wackerbarth**

(s. S. 30 f.). Umgeben von Weinbergen, ist das 1729 erbaute Schloss heute Sitz des Sächsischen Staats-Weinguts, das hier ein Erlebnisweingut mit »Gläserner Sektmanufaktur« eingerichtet hat.

Hohenhaus und Bilz-Bad
Im Ortsteil Zitzschewig liegt das **Hohenhaus** (Barkengasse 6), ein ehemaliger Bischofssitz.

Auf Hohenhaus wurde Literaturgeschichte geschrieben, denn die schlesischen Dichter-Brüder Carl und Gerhart Hauptmann lernten hier ihre späteren Frauen kennen: zwei Töchter des wohlhabenden Kaufmanns Berthold Thienemann, der das Grundstück 1865 als Sommersitz für die Familie erworben hatte. Das Haus, in dem bis 2003 die Puppentheatersammlung gezeigt wurde, ist heute Privatbesitz.

Kulturgeschichtlich interessant ist das **Bilz-Bad** in Oberlößnitz. Das erste Wellenbad Europas stammt von 1912 und ist noch in Betrieb. Initiiert hatte es der sächsische Naturheilkundler Friedrich Eduard Bilz, der Radebeul zu einem Zentrum der Lebensreformbewegung machte. (Mai bis Sept. tgl. 9–19 Uhr; Tel. 03 51/ 8 38 72 51.)

Tourist-Information Radebeul, Pestalozzistr. 6 a, 01445 Radebeul, Tel. 03 51/8 31 19 05, Fax 8 31 19 02, www.radebeul.de

****Schloss Pillnitz**

Das Schloss 7 km elbeaufwärts von Loschwitz, das August der Starke zum Sommersitz der sächsischen Knönige ausbauen ließ sollte man wie August auf dem Wasserweg ansteuern, der sich in einer prunkvollen Gondel hierher rudern ließ. Heute legt der Damp-

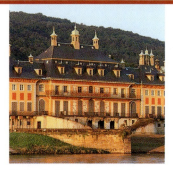

Durch seine Lage direkt an der Elbe war Schloss Pillnitz vom Jahrhunderthochwasser besonders stark betroffen

Typisch für Schloss Pillnitz ist der Chinoiserie-Dekor an den Wänden der seitlichen Palais

fer etwas weiter oberhalb der breiten **Freitreppe** mit den Sphingen an, dem Landungsplatz zu Augusts Zeiten.

August erbte das Renaissanceschloss nach dem Tod seines Bruders, Kurfürst Johann Georgs IV. Er schenkte es 1706 seiner Mätresse, der Gräfin Cosel. Als die Beziehung in die Brüche ging, holte sich August das Schloss zurück und setzte die Geliebte auf der Burg Stolpen unter Hausarrest. Ab 1720 ließ er Pillnitz nach Entwürfen von Zacharias Longuelune und Zwinger-Architekt Matthäus Daniel Pöppelmann zum orientalischen Lustschloss und zur Sommerresidenz des sächsischen Hofes ausbauen.

Die Palais

Die neu errichteten Flügelgebäude, das **Wasserpalais** am Fluss und das **Bergpalais** ihm gegenüber, gestaltete Pöppelmann mit geschwungenen Dächern im Pagodenstil und chinesischen Wandverzierungen, wie es damals Mode war. Nachdem 100 Jahre später der alte Zentralbau abgebrannt war, errichtete Oberlandbaumeister C. F. Schuricht das **Neue Palais.** Sein prächtiger Kuppelsaal mit den Bildern des Hofmalers Vogel von Vogelstein gilt als schönster klassizistischer Innenraum Dresdens.

Das Kunstgewerbemuseum

Einen Besuch im Kunstgewerbemuseum in den Räumen des Wasser- und Bergpalais gehört zum Standardprogramm des Pillnitz-Besuchs. Neben kostbaren Gobelins, geschliffenen Gläsern, Fayencen und Möbeln aus dem 17. und 18. Jh. werden historische Musikinstrumente und das Pirnaer Antependium gezeigt, eine kunstvolle Seidenstickerei aus dem 14. Jh.

Die Sammlungen des Kunstgewerbemuseums im Bergpalais sind geöffnet.

Schlosspark

Im Park herrscht Stilvielfalt. Im labyrinthischen **Heckengarten** ist die Nachbildung einer Prunkgondel zu bewundern. Der Hauptweg des Gartens führt zur **Kastanienallee** mit der 500 m langen Maille-Bahn. Das dem Golf ähnliche Maille-Spiel war am sächsischen Hof sehr beliebt. Ende des 18. Jhs. legte man im Nordwesten des Parks einen Englischen Garten mit Pavillon und Teich an. Dort wächst die älteste Kamelie Europas: Der mehr als 8 m hohe, rot blühende Baum ist das einzige von vier 1770 aus Asien eingeführten Exemplaren, das überlebt hat – im Winter gut geschützt durch ein eigens konstruiertes Gewächshaus.

Die subtropischen Kübelpflanzen des Parks finden in der kalten Jahreszeit Platz in der **Orangerie,** die im Sommer Raum für Ausstellungen bietet. Hinter dem Bergpalais beginnt der **Schlossgarten,** der in den **Holländischen** und den **Chinesischen Garten** mit dem Palmenhaus übergeht.

 Besucherzentrum Alte Wache, Tel. 2 61 32 60, Souvenirs, Buchung von Führungen inkl. königlicher Hofküche und Teezeremonien; www.schloesser-dresden.de

Schlosshotel Pillnitz, August-Böckstiegel-Str. 10, Tel. 2 61 40, Fax 2 61 44 00 www.schlosshotel-pillnitz.de. Romantisches, familiengeführtes Hotel; Restaurant mit guter Küche. ○○○

Anfahrt und Rückweg:
Schiffsverbindung etwa alle zwei Stunden (Abfahrt am Terrassenufer in der City; Zusteigemöglichkeit in Loschwitz); für Rückfahrt in die City auch **Busverbindung** Nr. 83 (bis Schillerplatz) und Straßenbahn 12.

*Burg Stolpen

Weithin sichtbar ragt der 25 km östlich von Dresden am Rand der Sächsischen Schweiz gelegene Basaltberg mit den trutzigen Türmen der Burg Stolpen in die Landschaft. Aus dem harten, bläulich-schwarzen Basalt, der sich hier fand, baute man Türme und Wehrmauern einer Trutzburg, die sogar der Belagerung durch die Hussiten im Jahr 1429 trotzten. Berühmtheit

Die Dampfschifffahrt

Mächtig rauschen die Schaufelräder durchs Wasser und treiben den Stahlkoloss vorwärts. Laut ertönt die Dampfpfeife. Der Schornstein wird eingeklappt, damit das Schiff unter den Brücken hindurchgleiten kann. Die »Stadt Wehlen« von 1879 ist der Veteran unter den Dresdner Raddampfern. Der erste war die »Königin Maria«, die, mit einer 25-PS-Dampfmaschine ausgestattet, am 6. Juni 1837 von Übigau nach Briesnitz auf Jungfernfahrt ging. »Erfahrene Schiffsleute sagen voraus, daß das Teufelsschiff nur allzubald krachend explodieren wird«, schrieben die »Sächsischen Neuesten Nachrichten«.

Im Jahr 1900 beförderte die »Sächsisch-Böhmische Dampfschifffahrtsgesellschaft« mit 36 Schiffen

mehr als 3 Mio. Fahrgäste. 1993/94 wurden acht historische Raddampfer detailgetreu rekonstruiert – seitdem bilden sie die größte und älteste Seitenraddampferflotte der Welt. Ergänzt wird sie durch die neuen Salonschiffe »August der Starke« und »Gräfin Cosel« sowie die 2000 in Betrieb gestellte historische »Kripppen«.

Neben den reizvollen Ausflugsfahrten gibt es alljährlich zwei besondere Termine: die große Dampferparade Anfang Mai und das traditionelle Dampfschiff-Fest im August, ein Volksfest mit Biergarten am Terrassenufer, bei dem sich europäische Regionen an Bord der historischen Schiffe vorstellen. Infos: Tel. 8 66 09 40, www. saechsische-dampfschifffahrt.de.

erlangte die Burg durch die Gräfin Cosel, die nach ihrem Zerwürfnis mit August dem Starken von 1716 bis 1765 hier gefangen war. Im 19. Jh. restaurierte der Königlich-Sächsische Altertumsverein die Burg und machte daraus ein Museum, das seit 1992 dem Freistaat Sachsen gehört.

Nach dem Aufstieg zur Burg durch die gepflasterten Gassen der verträumten **Stolpener Altstadt** steht man vor dem **Torhaus,** dem einzigen Sandsteingebäude auf dem Königstein. Es ist der Eingang zur Burg, die insgesamt vier hintereinander liegende Höfe umfasst.

Kornhaus

Den ersten Hof schließt das Kornhaus von 1518 ab, in das die Getreideabgaben der Bauern aus 80 umliegenden Dörfern flossen. Zwei schwere Türen führen in einen Raum mit Kreuzgewölbe: In der Hauptwache saß die Wachmannschaft. Auch die **Folterkammer** war im Kornhaus untergebracht. In ihren Räumen sind die schrecklichen Instrumente ausgestellt, mit denen von Verdächtigen Geständnisse erpresst wurden. Den frisch renovierten Kornhaus-Saal kann man für Konferenzen, Empfänge oder Hochzeiten mieten – wenn nicht gerade ein Konzert oder eine Theateraufführung stattfindet. (Infos bei der Burgverwaltung, s. S. 100.)

Schösserturm

Im zweiten Burghof steht der weiße Schösserturm mit spätgotischen Vorhangbogenfenstern und einem Dachhelm. Hier amtierte der Schösser, ein Finanzbeamter, der die Einnahmen und Ausgaben des Amtes Stolpen verwaltete. Durch den Spion, die listige Einrichtung einer Röhre in der 3 m dicken Mauer, konnte er die Gespräche der Wartenden belauschen.

Gefängnis und Festung:
die Burg Stolpen

Johannis-/Coselturm

Links neben dem Schösserturm betritt man durch das Hauptportal mit seinem prächtigen kursächsischen Wappen aus dem 16. Jh. den dritten Burghof, das Herzstück der Burg. Dort stehen noch originale Eisengusskanonen aus der Zeit um 1700. Der Johannis- oder Coselturm ist das am besten erhaltene Gebäude der Burg Stolpen. Gräfin Cosel verbrachte hier viele Jahre bis zu ihrem Tod 1765 in Gefangenschaft. Die Räume, historisch hergerichtet, zeigen eine Ausstellung über die Gräfin.

Burgbrunnen

Der 82 m tiefe Burgbrunnen im vierten Burghof vor der ehemaligen Schlosskapelle, mit dessen Bau man 1608 begann, ist ein Zeugnis harter Bergmannsarbeit. Der Basalt wurde durch ein Holzfeuer erhitzt, mit kaltem Wasser abgeschreckt und dann mit dem Meißel abgeschlagen. Pro Jahr schafften die eigens aus Freiberg angeworbenen Bergleute drei bis vier Meter des Brunnenschachts. Erst nach 22 Jahren stießen sie auf Wasser …

Fürstenplatz und Siebenspitzenturm

Vom vierten Burghof führt eine Treppe auf den **Fürstenplatz**. Hier stand das einstige Bischofs- und spätere Fürstenhaus mit seinen prunkvoll ausgestatteten Räumen.

Auch der **Siebenspitzenturm** mit der Kräuterküche war Teil des durch Gänge, Treppen und Türen verbundenen Gebäudekomplexes. Leider steht nur noch seine malerische Ruine, in deren Erdgeschoss ein Herd der ehemaligen Küche zu sehen ist. Vom Aussichtsplateau hat man einen herrlichen Blick auf die Berge der Sächsischen Schweiz bis hinüber zur Oberlausitz und ins Osterzgebirge.

Die geächtete Mätresse

Fast ein halbes Jahrhundert war sie hinter den dicken Mauern der Burg Stolpen gefangen: Anna Constantia von Cosel. Vorher war die schöne und geistreiche Holsteinerin ein knappes Jahrzehnt die selbstbewusste Mätresse Augusts des Starken gewesen. Seinetwegen hatte sie sich scheiden lassen und ihm dafür eine satte 100 000-Taler-Jahrespension und einen Ehevertrag abgetrotzt: Beim Tod seiner rechtmäßigen Gemahlin, Eberhardine von Brandenburg-Bayreuth, wäre sie Kurfürstin geworden. Ihr erstes gemeinsames Kind starb bei der Geburt, doch die drei folgenden – Augusta Constantia, Friederike Alexandra und Friedrich August – wurden von August als legitime Sprösslinge anerkannt. Der Kurfürst verschaffte der Geliebten den Titel einer Reichsgräfin von Cosel und schenkte ihr das Taschenbergpalais und Schloss Pillnitz.

Constantia überschätzte jedoch ihren politischen Einfluss und machte die Rechnung ohne Augusts Hofstaat. Des Wettiners Polen-Drang hielt sie für falsch – und sie äußerte ihre Meinung auch öffentlich. Das ging den kursächsischen Ministern und Beratern zu weit: Wo käme man hin, wenn jede hergelaufene Buhlschaft in die Weltpolitik eingreifen durfte? Sie sahen ihre eigene Position am Hof gefährdet und setzten die Intrigenmaschinerie in Gang. In Warschau vermittelten sie August, dem König von Polen, eine polnische Mätresse. Rasend vor Eifersucht stellte ihn die Cosel daraufhin zur Rede. Zur Lösung seiner Probleme entschied August, dass er ohne die Cosel wohl besser zurecht käme ...

Diese floh nach Preußen, wurde jedoch ausgeliefert und zu Weihnachten 1716 auf die Burg Stolpen verfrachtet. Dort lebte sie unter strenger Bewachung in den herrschaftlichen Räumen des heute zerstörten Zeughauses. Als 1743 der Blitz in ihre Küche einschlug und ein Jahr später der Ofen einstürzte, zog sie in den Johannisturm um. Dort starb sie fast 85-jährig im Jahr 1765. In der Burgkapelle liegt sie begraben. Von dieser Kapelle sind nur noch Reste übrig, doch die Grabstätte der Gräfin wurde 1881 wieder entdeckt und ist mit einer Sandsteinplatte gekennzeichnet. Mehr über die prominente Gefangene erfährt man in einer Ausstellung im Turm.

i **Burg Stolpen,** Schloßstr. 10, 01833 Stolpen, Tel. 03 59 73/ 2 34 10, www.burg-stolpen.de Sommer 9–17 Uhr, Winter 10–16 Uhr.

****Sächsische Schweiz**

Die bizarren Sandsteinfelsen, schroffen Steilwände, Tafelberge und tiefen Schluchten der Sächsischen Schweiz sind nicht nur etwas für durchtrainierte Kletterfreaks. Man kann auch mit dem Dampfschiff ein paar Stunden geruhsam durchs Elbetal schippern und die majestätische Felslandschaft langsam an sich vorüberziehen lassen. Das Schiff benötigt von Pillnitz nach Stadt Wehlen 2 Std., nach Bad Schandau sind es gut 4,5 Stunden.

Von Pirna, Stadt Wehlen, Königstein oder Bad Schandau kann man Tageswanderungen oder eine Mehrtagestour unternehmen. 1200 km gut beschilderter Wanderwege laden ein. Der Tourismusverband Sächsische Schweiz bietet auch fünf- bis sechstägige Wanderungen an. Die 384 km Radwege sind gut ausgeschildert.

Rathen und die Kletterfelsen

Touristenmagnet Nr. 1 in der Sächsischen Schweiz ist der Kurort Rathen mit seinen renovierten Gasthöfen, hübschen Pensionen und Cafés am rechten Elbufer. Das Auto muss man 1 km vor dem Ort parken, da in Rathen Autoverkehr untersagt ist. Ebenso bequem ist die Anreise per S-Bahn und Fähre. 15 Gehminuten von (Nieder)-Rathen entfernt, versteckt sich zwischen wildromantischen Kletterfelsen der **Amselsee,** wo man sich Ruderboote ausleihen kann. Am anderen Ende des Sees, etwa 500 m entfernt, zweigt rechts der Höllgrund ab, geradeaus geht es weiter zum rauschenden Amselfall, der aus 10 m Höhe gischtend

über eine Höhle hinwegstürzt. Biegt man noch vor dem Amselsee links ab, gelangt man durch den Wehlgrund zur 1936 erbauten ***Felsenbühne Rathen,** dem mit 2000 Plätzen größten und schönsten Naturtheater Sachsens (Infos: Felsenbühne Rathen, 01824 Kurort Rathen, Tel. 03 50 24/ 77 70, www.dresden-theater.de).

i **Gästeamt Rathen,** Niederrathen 17 b, 01824 Kurort Rathen, Tel. 03 50 24/7 04 22.
▌ **Tourismusverband Sächsische Schweiz,** Am Bahnhof 6, 01814 Bad Schandau, Tel. 03 50 22/49 50, www.sax-ch.de.

Ein guter Ausgangspunkt für Wanderungen und Klettertouren ist auch der Ort **Hohnstein** mit seiner gut erhaltenen Burganlage und einem Museum zur Geschichte des Ortes und des Schlosses, Tel. 03 59 75/8 12 02.

Tipp **Kletterkurse, Fahrradverleih,** Bergsportladen Arnold, Obere Str. 15, 01848 Hohnstein, Tel. und Fax 03 59 75/8 12 46.

****Bastei**

In Rathen beginnt auch der Aufstieg zum berühmten Felsmassiv der Bastei: Der Weg verläuft über die Ruine der Felsenburg Neurathen zur fast 80 m langen Basteibrücke. Über den abenteuerlich an die Felsen gehefteten Steg gelangt man zum Aussichtspunkt: Weit neigt sich der Felsen zur Elbe vor und ermöglicht so einen großartigen Blick ins 200 m tiefere Elbtal hinunter und bis hinüber nach Tschechien.

Infos von A–Z

Ärztliche Versorgung

Allgemein- und kinderärztlicher Notfalldienst, Gerichtsstr. 5: Tel. 1 92 92. Krankentransport: Tel. 1 92 22. Augenärztlicher Notfalldienst: Städtisches Klinikum Friedrichstadt, Augenklinik (Eingang Bräuergasse/Seminarstr.): Tel. 4 80 18 23.

Behinderte

Infos für Touristen mit Handicap, Ausflüge und Stadtrundfahrten in behindertengerechten Bussen sowie Infos über behindertengerechte Hotels bekommt man bei der Dresden-Werbung und Tourismus GmbH (s.u.), die dazu eine Broschüre herausgegeben hat.

Fundbüros
Fundbüro der Stadt Dresden:

Hamburger Str. 19 (Friedrichstadt), Tel. 4 88 42 80: Di/Do 8–12 und 14–18 Uhr, Fr 8–12 Uhr.
Deutsche Bahn AG: Bahnhof Neustadt: Mo/Do/Fr 7.30–12 und 12.30–15 Uhr, Di 10–12 und 12.30–18 Uhr.

Information
Dresden-Werbung und Tourismus GmbH, PF 12 09 52, 01010 Dresden, Tel. 49 19 21 00, Fax 49 19 21 16, Zimmerbuchung: Tel. 49 19 22 22, Kartenservice: Tel. 49 19 22 33, www.dresden-tourist.de
Tourist-Information: Prager Str. (zwei Min. vom Hauptbahnhof): Mo–Fr 9–19 Uhr, Sa 9–16 Uhr; Schinkelwache (Theaterplatz am Zwinger), Mo–Fr 10–18 Uhr, Sa/So/Fei 10–16 Uhr. Dresden präsentiert sich mit vielen Websites. Die offizielle Seite der Stadtverwaltung (www.dresden.de) führt weiter zu vielen interessanten Angeboten.

Notruf

Polizei: Tel. 1 10.
Feuerwehr/Rettungsdienst: Tel. 1 12.
ADAC-Pannenhilfe: Tel. 01 80/2 22 22 22.

Post

Zentrumsnah sind die folgenden Postfilialen:
Königsbrücker Str. 21–29 (nahe Albertplatz);
Annenstraße (Zwinger);
Altmarktgalerie (Eingang Wallstraße).

Stadtführungen

Die Stadtrundfahrt **Dresden Tour** bietet an 18 Haltestellen beliebige Ein- und Ausstiegsmöglichkeiten. Abfahrt ist im Sommer im Abstand von 30 Minuten an der Augustusbrücke. Die vollständige Tour dauert anderthalb Stunden. Außerdem werden Rundgänge und verschiedene Ausflugsfahrten angeboten (Königstr. 6, 01097 Dresden, Tel. 8 99 56 50, Fax 8 99 56 60, www.stadtrundfahrt.com).

Die **Dresdner Verkehrsbetriebe** bieten verschiedene Panorama-Touren an (Nähere Infos: Tel. 8 57 10 11, www.dvbag.de).

Die Stadtrundfahrten mit der **Hamburger Hummelbahn** iin einem roten Doppeldeckerbus beginnen täglich um 10, 12, 14 und 16 Uhr am Zwinger (www.hummelbahn.de).

Die **Sächsische Dampfschiffahrt** (Tel. 86 60 90) bietet eine Dampferrundfahrt inklusive Stadtrundgang sowie eine Vielzahl von Sonderfahrten und Veranstaltungen auf den Schiffen an. Infos: www.saechsische-dampfschiffahrt.de

Thematische Stadtrundgänge veranstaltet **igeltour** (Tel. 8 04 45 57, www.igeltour-dresden.de).

Taxi

Taxiruf: Tel. 21 12 11 oder 81 19 11.

Langenscheidt Mini-Dolmetscher Sächsisch

Wer im 17. und dem beginnenden 18. Jh. den gebildeten Schichten angehörte und gutes Deutsch erlernen wollte, ging nach Sachsen. Die berühmtesten unter den Übersiedlern waren Johann Wolfgang Goethe und Friedrich Schiller. Mit dem Ende der Aufklärung und dem politischen Niedergang Sachsens geriet seine Sprache mehr und mehr in Verruf. Auch heute noch ist der Dialekt eher unbeliebt und wird oft verspottet. Doch ist er mittlerweile weit verbreitet: Säggssch wird – unverkennbar für jeden Nichtsachsen – in Ost und West in seiner ganzen Vielfalt »gesungen«.

Als Grundregel des Sächsischen gilt »De Weeschn besieschn de Hardn« (»Die Wei-chen besiegen die Harten«), das heißt, auch harte Konsonanten werden meist weich gesprochen (p = b, t = d, k = g).

Etwas schwieriger für alle Nichtsachsen ist die Aussprache der Vokale und Umlaute. Ein e wird zum ä, das ö hört sich an wie ein e und das ü wird zum langen i.

Nicht verzweifeln bei Wörtern mit der Silbe ei: Es heißt eens, zwee, drei und nicht eens, zwee, dree. Einfacher wird's mit dem au, das sächsisch zum oo mutiert: loofn und goofn statt laufen und kaufen.

Für das Dresdner Sächsisch sind zwei kleine Worte sehr typisch: Zur Bestätigung (ja, doch, klar) sagt der Dresdner »nu«. Und »nicht« wird zu »ni«.

A

Aahmd	Abend
ausbaldowern	herausfinden, auskundschaften
auskäsen, ausmährn	sich beeilen

B

babbsch	weich, pappig
bedäbberd	verdutzt, überrascht
bedudeld	beschwipst
Beene	Beine
Bemme	belegtes Brot
bitschenass	nass bis auf die Haut
Blaadsch	Tolpatsch
blaadschn	Bindfäden regnen
Blembe	unschmackhaftes Getränk, dünne Suppe
Bliemschn-gaffee	dünner Kaffee
blimerand	angst und bange
Bobel	kleiner Junge (Popel)
Boom	Baum
Borschtwisch	unartiges Kind

D

Dämse	drückende Hitze, Gewitterschwüle
Dande	Tante
derheeme	daheim
dischdsch	tüchtig
dickschen	schmollen, sich trotzig verhalten
didschn	eintunken (z. B. Kuchen in Kaffee)
Drähsdn	Dresden
draaschn	regnen

E

egah	fortwährend, immerzu
ehbsch	ewig
eingoofn	einkaufen
ei verbibbscht	Ausruf des Erstaunens
Erbern, Erdäbbel	Kartoffeln (»Erdbirnen, Erdäpfel«)
escha	ein energisches nein, oder »ach, wo denkst du hin«
es räächent	es regnet

F

Feife	Pfeife
Ferd	Pferd
ferdsch	fertig
fischeland	geschickt, klug, clever
Fisema-denzschn	Dummheiten
Fiez	die »Bemme« (s.o.) der Erzgebirgler
Flägge	als Speise zubereitete Innereien
fuchdisch (wärn)	wütend, zornig (werden)

G

gäägsch	blass, kränklich aussehend
Gaggsch	Spaß, Scherz
Gelummbe	Sachen, Kram, Mist
gemiedlich	gemütlich
Gischdruden	Beine
Glitscher, die	aus rohen geriebenen Kartoffeln, etwas Mehl, Zucker und Salz in der Pfanne gebackenene kleine Kartoffelpuffer

Gnewertzchen	Füße, Zehen	**R**	
Gobb	Kopf	Raasche	Aufregung, Wut,
gräfdsch	kräftig	(wemmer in	(wenn man in Wut
Graf Googs	Angeber, Lackaffe	Raasche	gerät)
de Gräädsche	schlapp machen, krank	gommt)	
machen	werden, auch: sterben	Rabadz	Lärm, Unruhe
Griebsch	Kerngehäuse des Apfels	Rangdewuh	gründlich aufräumen,
Gusche	Mund	machen	Ordnung machen
(mei) Gudsder,	(mein) Lieber,	Reff	abwertend für bösartige,
(meine) Gudsde	(meine) Liebe		keifende ältere Frau
		Reformande	Strafpredigt
H		riewer un	herüber und hinüber
heeme machen	nach Hause gehen	niewer	
helle	aufgeweckt, klug	rumbadall-	schwer arbeiten, schwere
hiefrisch	schwächlich	schen	Lasten schleppen
hinmachen	sich beeilen	rumbläägn	herumschreien
Husche	kurzer Regenschauer,	rumhubbm	herumhopsen, -hüpfen
	kleines Feuer im Ofen	Runks	Grobian
I		**S**	
iezsch	zornig, wütend	ä Schälschn	eine Tasse Kaffee
iewer	über	Heeßen	
		Schmedde	(altes, klapperiges)
K			Fahrrad
kääbsch	wählerisch beim Essen	Schbinad	Spinat (Betonung auf der
Kuhbläke	abgelegenes kleines Dorf		ersten Silbe)
		Schlaadz	Riss, Schlitz
L		Schuldschung	Entschuldigung
Laadschn	alte Schuhe, Hausschuhe	Stollen, der	Weihnachtsgebäck –
labbsch	schlaff, kraftlos, fade	oder die	dasselbe Gebäck im Osten
Lähm	Leben; Lehm	Striezel	Sachsens
laweede	labil, wackelig	Schwabberich	kurzer Regenguß
Leibzsch	Leipzig	Schweeß-	Schweißfüße
Lorge	dünner Kaffee	bemmen	
		sieße	süß
M			
malade	matt, abgespannt	**T**	
mährn	etwas langsam machen	Taach	Tag; guten Tag
meschugge	verrückt, nicht bei Sinnen	tschissie!	tschüss!
Morschn	Morgen, Guten Morgen	in eener Tuhr	fortgesetzt, immerzu
Motsche-	Marienkäfer		
giebchen		**V**	
Muddelschen	Tätigkeiten, die man	vorblembern	vergeuden
	nebenbei verrichtet	vorbummfiedln	verlegen, verschusseln
Muggen	charakterliche	vorhohne-	verhöhnen, verspotten
Mudzel,	Eigenheiten	biebeln	
mudzeln	Fussel, fusseln	vorgaggeiern	veralbern
N		**W**	
närrsch	verrückt, nicht ganz	wegmachn	sich räumlich
	normal		verändern
ni	nicht (nur Raum Dresden)	Worscht	Wurst
ningeln	jammern		
nu	ja, klar (nur Raum	**Z**	
	Dresden)	zuudschn	nuckeln, saugen
Nieselbriem	Tolpatsch		(z. B. am Trinkhalm)

Orts- und Sachregister

Personenregister